초등

영어듣기평가 완벽대비
Listen & Speak Up

3-1

⬇ 정답과 해설 및 듣기 MP3 파일은 EBS 초등사이트(primary.ebs.co.kr)에서 다운로드 받으실 수 있습니다.

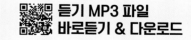

듣기 MP3 파일
바로듣기 & 다운로드

교 재 내 용 문 의	교재 내용 문의는 EBS 초등사이트 (primary.ebs.co.kr)의 교재 Q&A 서비스를 활용하시기 바랍니다.		교 재 정오표 공 지	발행 이후 발견된 정오 사항을 EBS 초등사이트 정오표 코너에서 알려 드립니다. 교재 검색 → 교재 선택 → 정오표		교 재 정 정 신 청	공지된 정오 내용 외에 발견된 정오 사항이 있다면 EBS 초등사이트를 통해 알려 주세요. 교재 검색 → 교재 선택 → 교재 Q&A

HOME SCHOOL

집에서 즐겁게 공부하는 초등 영어

EBS랑 홈스쿨 초등 영어

다양한 부가 자료와 함께 TV · 인터넷 · 모바일로 쉽게 하는 홈스쿨링 영어

○ EBS 초등사이트 eWorkbook(받아쓰기, 단어테스트, 리뷰테스트 등) PDF/MP3/무료 강의 제공 ○

초등 영문법 1, 2

초등 영독해 LEVEL 1 ~ 3

초등

영어듣기평가 완벽대비
Listen & Speak Up

3-1

구성과 특징

효과적인 활용법

이 책은 어떤 내용들로 이루어져 있을까요? 구성에 따른 특징과 효과적인 학습 방법을 알아봐요!

WARM UP | 어휘로 예습하기

듣기평가 모의고사에서 접하게 될 핵심 어휘들을 예습해 봅니다. [듣고 따라 말하기(소리 입력)] ⇨ [들으며 따라 쓰기(글자 입력)] ⇨ [들으며 의미 쓰기(의미 입력)]의 총 3단계로 구성되어 있습니다. 각 단계를 따라가면서 자연스럽게 하나의 어휘를 총 3회 이상 들어 보고 차근차근 소리와 뜻을 익힙니다.

이것만은 꼭!

모든 단계를 마친 후, 혼자서 어휘들을 크게 읽어 보세요! 여러 번 읽다 보면 어휘가 쉽게 느껴져요!

LISTEN UP | 문제 풀며 듣기 집중력 강화하기

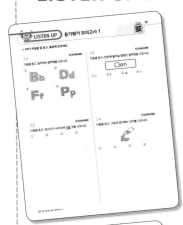

듣기평가 모의고사

실전 문제를 풀어보며 다양한 유형을 경험하고, 문제를 풀기 위한 기술을 익힙니다.

이것만은 꼭!

문제를 틀려도 괜찮아요. 틀린 문제는 여러 번 들어 보면서 어휘와 표현을 학습하면 된답니다!

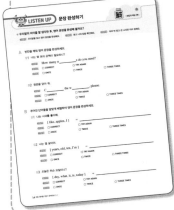

문장 완성하기

듣기평가 모의고사에서 들었던 여러 문장들 중, 핵심 어구를 포함한 문장들을 내가 직접 완성해 봅니다. 내가 완성한 문장이 맞는지, 원어민의 음성으로 또 한 번 확인하여 듣기와 영작을 동시에 연습합니다.

이것만은 꼭!

원어민의 음성을 먼저 듣지 말고, 꼭 먼저 문장을 완성해 본 후 원어민의 음성을 확인해 보세요! 원어민의 음성을 확인한 후에는, 듣고 따라 말해 보며 shadow speaking까지!

JUMP UP | 받아쓰기로 복습하기

받아쓰기 활동을 통해 듣기평가 모의고사 문제에서 들었던 어휘들의 소리를 복습하고 익히면서 다양한 어휘와 표현들을 흡수합니다. 받아쓰기 활동 후에는 해당 단원의 중요 표현들을 더 알아보는 코너가 마련되어 있어서, 각 표현의 예문들을 다양하게 활용해 보고 중요한 정보들도 배워 봅니다.

이것만은 꼭!

받아쓰기를 하면서 한 번에 완성하지 못한 빈칸은 여러 번 반복해서 들으면서 하나씩 완성해 보세요. 철자를 몰라서 쓰지 못했다면 어휘 복습을 한 뒤에, 다시 한번 시도해 봅니다.

FLY UP | 대화 완성으로 의사소통 기술 익히기

질문 또는 응답만 제시된 받아쓰기 문제를 풀면서 대화를 완성하고, 이를 통해 적절한 의사소통을 이해합니다.

질문이 나와 있다면 → 적절한 응답은 무엇일지 생각해 본 후, 받아쓰기를 통해 대화를 완성합니다.

응답이 나와 있다면 → 알맞은 질문은 무엇일지 생각해 본 후, 받아쓰기를 통해 대화를 완성합니다.

이것만은 꼭!

대화가 완성되면, 친구와 함께 또는 혼자서라도 대화하는 기분으로 크게 말해 보세요!

SPEAK UP | 말하기와 쓰기로 영어 어순 체득하기

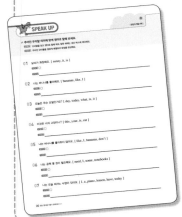

주어진 우리말 의미에 맞게 바로 말해 본 후, 글쓰기 과정을 통해 생각을 정리하고 영어 어순을 체득합니다. 단순한 말하기와 영작이 아니라, 주어진 단어들을 배열하여 문장을 완성하는 과정을 통해 쉽고 자연스럽게 영어의 어순을 습득할 수 있습니다.

이것만은 꼭!

쓰기 활동을 먼저 하면 안 돼요! 말하기 연습 후, 마지막으로 글쓰기로 정리해야 해요!

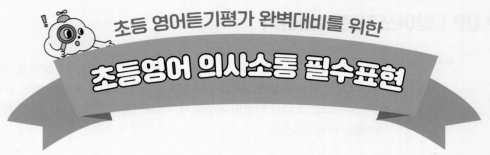

초등 영어듣기평가 완벽대비를 위한
초등영어 의사소통 필수표현

인사하고 안부 나누기	A: Hello, I'm Garam. 안녕. 나는 가람이야. B: Hi. I'm Lucy. 안녕. 나는 Lucy야. A: How are you? 어떻게 지내? B: Very well, thank you. 아주 잘 지내. 고마워.
소개 하기	A: What's your name? 너의 이름은 뭐니? B: My name is Eric. 내 이름은 Eric이야. A: This is my sister, Juha. 이 아이는 나의 여동생 주하야. B: Hi, Juha. Nice to meet you. 안녕. 주하야. 만나서 반가워. C: Nice to meet you, too. 나도 만나서 반가워.
지시 하기	A: Sit down, please. 앉으세요. B: Okay. 알겠습니다. A: Don't run here. 여기에서 뛰지 마세요. B: All right. 알겠습니다.
능력 묻고 답하기	A: Can you skate? 너는 스케이트를 탈 수 있니? B: Yes, I can. 응. 탈 수 있어. A: Can you swim? 너는 수영할 수 있니? B: No, I can't. 아니. 못 해.
개인 정보 묻고 답하기	A: Do you like apples? 너는 사과를 좋아하니? B: Yes, I do. 응. 좋아해. A: How old are you? 너는 몇 살이니? B: I'm nine years old. 나는 아홉 살이야.
사실적 정보 묻고 답하기	A: What's this? 이것은 뭐야? B: It's a ball. 그것은 공이야. A: What color is it? 그것은 무슨 색이니? B: It's blue. 그것은 파란색이야.

| 감정 표현하기 | A: Are you happy? 너는 행복하니?
B: Yes. I'm so happy. 응. 나는 매우 행복해. |
| | A: Are you okay? 너는 괜찮니?
B: No, I'm not. I'm so sad. 아니. 안 괜찮아. 나는 너무 슬퍼. |

| 날씨 묻고 답하기 | A: How's the weather? 날씨가 어때?
B: It's snowing. 눈이 내리고 있어. |
| | A: How's the weather today? 오늘 날씨가 어때?
B: It's cloudy. 구름 낀 흐린 날씨야. |

| 장소와 위치 말하기 | A: Where is my eraser? 나의 지우개가 어디 있지?
B: It's under the chair. 그것은 의자 밑에 있어. |
| | A: Where is the bag? 그 가방은 어디에 있어?
B: It's on the sofa. 그것은 소파 위에 있어. |

| 물건의 소유 묻고 답하기 | A: Is this your cap? 이것은 너의 모자니?
B: Yes, it's mine. 맞아. 그것은 나의 것이야. |
| | A: How many pencils do you have? 너는 몇 자루의 연필을 가지고 있니?
B: I have two pencils. 나는 연필이 두 자루 있어. |

| 제안하기와 답하기 | A: Let's play soccer. 축구하자.
B: That sounds good. 좋은 생각이야. |
| | A: Let's play badminton. 배드민턴 치자.
B: Okay. 그래. |

| 동작 묻고 답하기 | A: Do you get up early? 너는 일찍 일어나니?
B: Yes. I always get up at 7. 응. 나는 항상 7시에 일어나. |
| | A: What are you doing? 너는 무엇을 하고 있니?
B: I'm watching TV. 나는 TV를 보고 있어. |

| 시각과 요일 묻고 답하기 | A: What time is it now? 지금 몇 시야?
B: It's 9 o'clock. 9시 정각이야. |
| | A: What day is it today? 오늘은 무슨 요일이니?
B: It's Friday. 금요일이야. |

차 례

인공지능 DANCHOQ
푸리봇 문|제|검|색

EBS 초등사이트와 **EBS 초등 APP** 하단의
AI 학습도우미 푸리봇을 통해 문항코드를
검색하면 푸리봇이 해당 문제의 해설 강의를
찾아 줍니다.

문제별 문항코드 확인 ·········▶ 241033-0001

[241033-0001]
1. 아래 그래프를 이해한 내용으로 가장 적절한 것은?

문항코드 검색

초등 영어듣기평가 완벽대비를 위한 **학습 계획표**

학습 단원	학습 내용	학습 날짜 및 확인	학습 내용	학습 날짜 및 확인
Listen & Speak Up 1	WARM UP 어휘 예습 LISTEN UP 듣기평가 모의고사 문장 완성하기	월 일	JUMP UP 받아쓰기 FLY UP 대화 완성 받아쓰기 SPEAK UP 주요 표현 말하고 영작하기	월 일
Listen & Speak Up 2	WARM UP 어휘 예습 LISTEN UP 듣기평가 모의고사 문장 완성하기	월 일	JUMP UP 받아쓰기 FLY UP 대화 완성 받아쓰기 SPEAK UP 주요 표현 말하고 영작하기	월 일
Listen & Speak Up 3	WARM UP 어휘 예습 LISTEN UP 듣기평가 모의고사 문장 완성하기	월 일	JUMP UP 받아쓰기 FLY UP 대화 완성 받아쓰기 SPEAK UP 주요 표현 말하고 영작하기	월 일
Listen & Speak Up 4	WARM UP 어휘 예습 LISTEN UP 듣기평가 모의고사 문장 완성하기	월 일	JUMP UP 받아쓰기 FLY UP 대화 완성 받아쓰기 SPEAK UP 주요 표현 말하고 영작하기	월 일
Listen & Speak Up 5	WARM UP 어휘 예습 LISTEN UP 듣기평가 모의고사 문장 완성하기	월 일	JUMP UP 받아쓰기 FLY UP 대화 완성 받아쓰기 SPEAK UP 주요 표현 말하고 영작하기	월 일
Listen & Speak Up 6	WARM UP 어휘 예습 LISTEN UP 듣기평가 모의고사 문장 완성하기	월 일	JUMP UP 받아쓰기 FLY UP 대화 완성 받아쓰기 SPEAK UP 주요 표현 말하고 영작하기	월 일
Listen & Speak Up 7	WARM UP 어휘 예습 LISTEN UP 듣기평가 모의고사 문장 완성하기	월 일	JUMP UP 받아쓰기 FLY UP 대화 완성 받아쓰기 SPEAK UP 주요 표현 말하고 영작하기	월 일
Listen & Speak Up 8	WARM UP 어휘 예습 LISTEN UP 듣기평가 모의고사 문장 완성하기	월 일	JUMP UP 받아쓰기 FLY UP 대화 완성 받아쓰기 SPEAK UP 주요 표현 말하고 영작하기	월 일
Listen & Speak Up 9	WARM UP 어휘 예습 LISTEN UP 듣기평가 모의고사 문장 완성하기	월 일	JUMP UP 받아쓰기 FLY UP 대화 완성 받아쓰기 SPEAK UP 주요 표현 말하고 영작하기	월 일
Listen & Speak Up 10	WARM UP 어휘 예습 LISTEN UP 듣기평가 모의고사 문장 완성하기	월 일	JUMP UP 받아쓰기 FLY UP 대화 완성 받아쓰기 SPEAK UP 주요 표현 말하고 영작하기	월 일

It's time to listen and speak up!

Are you ready?

Listen & Speak Up 1

WARM UP

새로운 어휘들을 미리 공부해 볼까요?
아래의 각 단계를 따라가며 어휘의 소리와 의미를 차근차근 익혀 봐요!

| 정답과 해설 2쪽 |

	따라 말한 후 네모 박스에 체크!	STEP 1 듣고 따라 말하기	STEP 2 들으며 따라 쓰기	STEP 3 들으며 의미 쓰기
01	☐	fan	fan	
02	☐	blue	blue	
03	☐	brown	brown	
04	☐	eraser	eraser	
05	☐	pencil	pencil	
06	☐	umbrella	umbrella	
07	☐	ruler	ruler	
08	☐	close	close	
09	☐	window	window	
10	☐	windy	windy	

● MP3 파일을 잘 듣고, 물음에 답하세요.

01
▶ 241033-0001

다음을 듣고, 일치하는 알파벳을 고르시오.

①

②

③

④

02
▶ 241033-0002

다음을 듣고, 첫소리가 나머지와 <u>다른</u> 것을 고르시오.

①   ②   ③   ④

03
▶ 241033-0003

다음을 듣고, 빈칸에 들어갈 알맞은 알파벳을 고르시오.

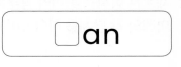

① c   ② f   ③ m   ④ v

04
▶ 241033-0004

다음을 듣고, 그림과 일치하는 단어를 고르시오.

①   ②   ③   ④

05

241033-0005

다음을 듣고, 학용품에 속하는 단어가 <u>아닌</u> 것을 고르시오.

①   ②   ③   ④

07

241033-0007

다음을 듣고, 여자아이가 좋아하는 것을 가장 잘 나타낸 그림을 고르시오.

①    ②

③    ④

06

241033-0006

다음을 듣고, 그림 속 서울의 날씨를 알맞게 표현한 것을 고르시오.

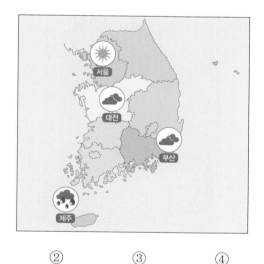

①   ②   ③   ④

08

241033-0008

대화를 듣고, 여자아이가 사려고 하는 것과 그 개수가 바르게 짝지어진 것을 고르시오.

물건	개수		물건	개수
① 공책	2		② 공책	3
③ 필통	3		④ 필통	4

09

▶ 241033-0009

다음을 듣고, 자연스럽지 않은 대화를 고르시오.

①   ②   ③   ④

11

▶ 241033-0011

대화를 듣고, 두 사람이 무엇에 대해 이야기하고 있는지 고르시오.

① 여행   ② 음식

③ 취미   ④ 반려동물

10

▶ 241033-0010

대화를 듣고, 지호가 할 행동을 가장 잘 나타낸 그림을 고르시오.

12

▶ 241033-0012

대화를 듣고, 오늘이 무슨 요일인지 고르시오.

① 일요일   ② 월요일

③ 수요일   ④ 금요일

13

241033-0013

다음을 듣고, 그림의 상황에서 남자아이가 여자아이에게 할 말로 알맞은 것을 고르시오.

① ② ③ ④

14

241033-0014

다음을 듣고, 질문에 이어질 응답으로 알맞은 것을 고르시오.

① I'm Mina.
② I'm happy.
③ I like soccer.
④ I'm ten years old.

15

241033-0015

대화를 듣고, 마지막 질문에 이어질 응답으로 알맞은 것을 고르시오.

① I don't like it.
② They are small.
③ They are white.
④ I have two cups.

LISTEN UP 문장 완성하기

| 정답과 해설 2쪽 |

● 우리말의 의미를 잘 생각한 후, 영어 문장을 완성해 볼까요?

STEP 1 우리말을 읽고 영어 문장을 완성해요.　　**STEP 2** 듣고 나의 답을 확인해요.　　**STEP 3** 여러 번 듣고 큰 소리로 따라 말해요.

A 빈칸을 채워 영어 문장을 완성하세요.

01 너는 몇 권의 공책이 필요하니?

> **STEP 1** How many n_____s do you need?
> **STEP 2** ☐ CORRECT ☐ TRY AGAIN
> **STEP 3** ☐ ONCE ☐ TWICE ☐ THREE TIMES

02 창문을 닫아 줘.

> **STEP 1** C_____ the w_____, please.
> **STEP 2** ☐ CORRECT ☐ TRY AGAIN
> **STEP 3** ☐ ONCE ☐ TWICE ☐ THREE TIMES

B 주어진 단어들을 알맞게 배열하여 영어 문장을 완성하세요.

01 나는 사과를 좋아해.

> **STEP 1** [like, apples, I] ➡ _____
> **STEP 2** ☐ CORRECT ☐ TRY AGAIN
> **STEP 3** ☐ ONCE ☐ TWICE ☐ THREE TIMES

02 나는 열 살이야.

> **STEP 1** [years, old, ten, I'm] ➡ _____
> **STEP 2** ☐ CORRECT ☐ TRY AGAIN
> **STEP 3** ☐ ONCE ☐ TWICE ☐ THREE TIMES

03 오늘은 무슨 요일이니?

> **STEP 1** [day, what, it, is, today] ➡ _____
> **STEP 2** ☐ CORRECT ☐ TRY AGAIN
> **STEP 3** ☐ ONCE ☐ TWICE ☐ THREE TIMES

JUMP UP

● **아래 각 단계를 완료하고, 네모 박스에 체크하세요.**

STEP1 MP3 파일을 잘 듣고, 빈칸에 알맞은 단어를 써요.

STEP2 한 번 더 듣고, 나의 답을 확인해요. 원어민의 목소리에 맞춰 크게 말해 봐요.

STEP3 내 목소리를 녹음해서 원어민의 목소리와 비교해 봐요.

01 STEP1 ☐ W: _____ STEP2 ☐   STEP3 ☐

잘 듣고 소리에 알맞은
알파벳을 대문자와 소문자
모두 쓰세요.

02 STEP1 ☐ W: ① _____ STEP2 ☐   STEP3 ☐
② _____
③ _____
④ _____

03 STEP1 ☐ W: _____ STEP2 ☐   STEP3 ☐

04 STEP1 ☐ W: ① _____ STEP2 ☐   STEP3 ☐
② _____
③ _____
④ _____

05 STEP1 ☐ W: ① _____ STEP2 ☐   STEP3 ☐
② _____
③ _____
④ _____

06 STEP1☐ W: ① _____

② _____

③ _____

④ _____

STEP2☐   STEP3☐

07 STEP1☐ G: I don't _____ bananas.

I like _____s.

STEP2☐   STEP3☐

08 STEP1☐ G: I need some _____s.

M: _____ _____ notebooks do you

need?

G: I need three notebooks.

STEP2☐   STEP3☐

09 STEP1☐ ① G: What's this?

B: It's a _____.

② G: Do you like movies?

B: I watch TV at night.

③ G: Can you _____?

B: Yes, I can.

④ G: What's your _____?

B: I'm Minsu.

STEP2☐   STEP3☐

10 STEP1☐ W: Jiho! It's _____ outside.

_____ the window, _____.

B: Yes, Mom.

STEP2☐   STEP3☐

please는 흔히 부드럽게 어떤 동작을 요청하거나 공손하게 무언가를 요구할 때 사용하는 단어예요. 하지만 please가 문장 맨 앞에 위치할 때는 '~하시기 바랍니다.'라는 의미로 공식적인 문구에 종종 사용되기도 한답니다.

11 STEP1☐ G: Is this your cat?　　　　　　　　　STEP2☐　　STEP3☐

B: Yes, this is my cat, Milk.

G: So _____! Is it a _____?

B: No, Milk is a _____.

12 STEP1☐ B: What _____ is it today, Mom?　　STEP2☐　　STEP3☐

W: It's _____.

B: Oh! I have a _____ lesson today.

13 STEP1☐ W: ① Don't enter.　　　　　　　　　　STEP2☐　　STEP3☐

② Don't _____.

③ Don't _____.

④ Don't _____.

14 STEP1☐ B: _____ _____ are you?　　　STEP2☐　　STEP3☐

15 STEP1☐ B: Do you have any _____s?　　　　STEP2☐　　STEP3☐

G: _____, I do.

B: How _____ cups do you have?

Listen & Speak Up 1 (side tab)

● 앞에서 만났던 중요 표현에 대해 자세히 알아볼까요?

01 It's Wednesday.

여러분은 어떤 요일을 가장 좋아하나요? Wednesday는 수요일이랍니다. 요일은 항상 맨 앞 글자를 대문자로 써야 해요. '오늘은 무슨 요일이니?'라는 질문에 '수요일이에요.'라고 말하고 싶다면, It is Wednesday. 또는 It's Wednesday.라고 하면 된답니다.

다른 요일들도 알아볼까요?

- Sunday   일요일
- Tuesday   화요일
- Friday   금요일

- Monday   월요일
- Thursday   목요일
- Saturday   토요일

 오늘이 무슨 요일인지 궁금할 때는 What day is it today?라고 물으면 된답니다.

02 How old are you?

how는 기본적으로 '어떻게' 또는 '어떠한'이라는 뜻으로 쓰이지만, 다른 단어와 함께 짝을 이루면 여러 가지 의미로 사용할 수 있어요. 위 문장에서처럼 how와 old가 짝을 이루면 나이를 물을 수 있고, how와 much가 짝을 이루면 가격이나 양을 물을 수 있답니다.

how를 사용한 다양한 표현들을 살펴볼까요?

- How old are you?   너는 몇 살이야?
- How much is it?   그것은 얼마예요?
- How tall is she?   그녀는 얼마나 키가 크니?
- How far is it?   거리가 얼마나 멀어?

 처음 본 사이에도 편하게 나이를 묻고 답하는 우리나라와 달리, 영어권 국가들에서는 나이를 묻는 것이 실례가 되는 경우도 많아요. 상대방의 나이가 궁금하더라도 어느 정도 친해지고 난 후에 물어보도록 하세요!

FLY UP

| 정답과 해설 5쪽 |

● MP3 파일을 잘 듣고, 다음 빈칸을 채워 대화를 완성해 보세요.

> A에는 B의 대답에 어울리는 질문이, B에는 A의 질문에 어울리는 대답이 들어갈 거예요. A와 B가 어떠한 대화를 나누게 될까요?

01 A: **What's this?** 　　　　　　　　　　　이것은 무엇인가요?

　　　B: It's a ball. 　　　　　　　　　　　　　그것은 공이에요.

02 A: What day is it today? 　　　　　　　　오늘은 무슨 요일인가요?

　　　B: _____ 　　　　_____

03 A: _____ 　　　　_____

　　　B: Yes, Mom. 　　　　　　　　　　　　　네, 엄마.

04 A: How many cups do you have? 　　　너는 컵을 몇 개 가지고 있니?

　　　B: _____ 　　　　_____

05 A: _____ 　　　　_____

　　　B: I'm ten years old. 　　　　　　　　나는 열 살이야.

Listen & Speak Up 1 **19**

● 주어진 우리말 의미에 맞게 영어로 말해 보세요.

STEP1 우리말을 읽고 영어로 말해 봐요. 말한 뒤에는 네모 박스에 체크해요.

STEP2 주어진 단어들을 알맞게 배열하여 문장을 완성해요.

01 날씨가 화창해요. [sunny, it, is]

STEP1 ☐

STEP2 _____

02 나는 바나나를 좋아해요. [bananas, like, I]

STEP1 ☐

STEP2 _____

03 오늘은 무슨 요일인가요? [day, today, what, is, it]

STEP1 ☐

STEP2 _____

04 이것은 너의 고양이니? [this, your, is, cat]

STEP1 ☐

STEP2 _____

05 나는 바나나를 좋아하지 않아요. [like, I, bananas, don't]

STEP1 ☐

STEP2 _____

06 나는 공책 몇 권이 필요해요. [need, I, some, notebooks]

STEP1 ☐

STEP2 _____

07 나는 오늘 피아노 수업이 있어요. [I, a, piano, lesson, have, today]

STEP1 ☐

STEP2 _____

Listen & Speak Up 2

WARM UP

새로운 어휘들을 미리 공부해 볼까요?
아래의 각 단계를 따라가며 어휘의 소리와 의미를 차근차근 익혀 봐요!

| 정답과 해설 6쪽 |

	따라 말한 후 네모 박스에 체크!	STEP 1 듣고 따라 말하기	STEP 2 들으며 따라 쓰기	STEP 3 들으며 의미 쓰기
01	☐	desk	desk	
02	☐	carrot	carrot	
03	☐	rabbit	rabbit	
04	☐	house	house	
05	☐	hat	hat	
06	☐	spoon	spoon	
07	☐	fast	fast	
08	☐	Monday	Monday	
09	☐	uncle	uncle	
10	☐	exciting	exciting	

● MP3 파일을 잘 듣고, 물음에 답하세요.

01
▶ 241033-0016

다음을 듣고, 일치하는 알파벳을 고르시오.

① G g

② K k

③ N n

④ M m

02
▶ 241033-0017

다음을 듣고, 첫소리가 나머지와 <u>다른</u> 것을 고르시오.

①   ②   ③   ④

03
▶ 241033-0018

다음을 듣고, 빈칸에 들어갈 알맞은 알파벳을 고르시오.

□ike

① b   ② h   ③ l   ④ p

04
▶ 241033-0019

다음을 듣고, 그림과 일치하는 단어를 고르시오.

①   ②   ③   ④

05

241033-0020

다음을 듣고, 동물에 속하는 단어가 <u>아닌</u> 것을 고르시오.

①   ②   ③   ④

07

241033-0022

다음을 듣고, 여자아이가 가지고 있는 것을 가장 잘 나타낸 그림을 고르시오.

①    ②

③    ④

06

241033-0021

다음을 듣고, 가방에서 찾을 수 있는 것을 고르시오.

①   ②   ③   ④

08

241033-0023

대화를 듣고, 미나가 사려고 하는 것과 그 개수가 바르게 짝지어진 것을 고르시오.

	과일	개수		과일	개수
①	사과	2	②	사과	3
③	오렌지	2	④	오렌지	3

09

▶ 241033-0024

다음을 듣고, 자연스럽지 **않은** 대화를 고르시오.

① ② ③ ④

11

▶ 241033-0026

대화를 듣고, 두 사람이 대화를 나누는 장소를 고르시오.

① 옷 가게   ② 체육관
③ 영화관   ④ 도서관

10

▶ 241033-0025

대화를 듣고, 지금의 날씨를 가장 잘 나타낸 그림을 고르시오.

①    ②

③    ④

12

▶ 241033-0027

대화를 듣고, 남자아이의 삼촌에 대해 알 수 있는 것을 고르시오.

① 직업   ② 나이
③ 취미   ④ 사는 곳

13

다음을 듣고, 그림의 상황에서 남자 직원이 여자아이에게 할 말로 알맞은 것을 고르시오.

①   ②   ③   ④

14

다음을 듣고, 질문에 이어질 응답으로 알맞은 것을 고르시오.

① I'm great.
② I love dogs.
③ No, I don't.
④ That's good.

15

대화를 듣고, 마지막 질문에 이어질 응답으로 알맞은 것을 고르시오.

① I have a brother.
② Her name is Miso.
③ She likes tomatoes, too.
④ I'm going to the park for a walk.

● 우리말의 의미를 잘 생각한 후, 영어 문장을 완성해 볼까요?

STEP1 우리말을 읽고 영어 문장을 완성해요.　　**STEP2** 듣고 나의 답을 확인해요.　　**STEP3** 여러 번 듣고 큰 소리로 따라 말해요.

A　빈칸을 채워 영어 문장을 완성하세요.

01　나는 가위를 가지고 있어.

STEP1　I have s_____.

STEP2　☐ CORRECT　　　　☐ TRY AGAIN

STEP3　☐ ONCE　　　　☐ TWICE　　　　☐ THREE TIMES

02　여기 있어.

STEP1　H_____ you a_____.

STEP2　☐ CORRECT　　　　☐ TRY AGAIN

STEP3　☐ ONCE　　　　☐ TWICE　　　　☐ THREE TIMES

B　주어진 단어들을 알맞게 배열하여 영어 문장을 완성하세요.

01　내 가방이 어디에 있지?

STEP1　[bag, where, my, is]　➡ _____

STEP2　☐ CORRECT　　　　☐ TRY AGAIN

STEP3　☐ ONCE　　　　☐ TWICE　　　　☐ THREE TIMES

02　너는 빠르게 수영할 수 있니?

STEP1　[fast, swim, can, you]　➡ _____

STEP2　☐ CORRECT　　　　☐ TRY AGAIN

STEP3　☐ ONCE　　　　☐ TWICE　　　　☐ THREE TIMES

03　지금 몇 시니?

STEP1　[now, is, time, what, it]　➡ _____

STEP2　☐ CORRECT　　　　☐ TRY AGAIN

STEP3　☐ ONCE　　　　☐ TWICE　　　　☐ THREE TIMES

● **아래 각 단계를 완료하고, 네모 박스에 체크하세요.**

STEP 1 MP3 파일을 잘 듣고, 빈칸에 알맞은 단어를 써요.

STEP 2 한 번 더 듣고, 나의 답을 확인해요. 원어민의 목소리에 맞춰 크게 말해 봐요.

STEP 3 내 목소리를 녹음해서 원어민의 목소리와 비교해 봐요.

01 STEP 1 ☐ W: _____ STEP 2 ☐ STEP 3 ☐

> 잘 듣고 소리에 알맞은
> 알파벳을 대문자와 소문자
> 모두 쓰세요.

02 STEP 1 ☐ W: ① _____ STEP 2 ☐ STEP 3 ☐
② _____
③ _____
④ _____

03 STEP 1 ☐ W: _____ STEP 2 ☐ STEP 3 ☐

04 STEP 1 ☐ W: ① _____ STEP 2 ☐ STEP 3 ☐
② _____
③ _____
④ _____

05 STEP 1 ☐ W: ① _____ STEP 2 ☐ STEP 3 ☐
② _____
③ _____
④ _____

Listen & Speak Up 2

06 STEP1☐ W: ① _____

② _____

③ _____

④ _____

STEP2☐   STEP3☐

07 STEP1☐ G: I don't have a glue _____ .

I have _____ .

STEP2☐   STEP3☐

08 STEP1☐ M: Hello, Mina.

_____ _____ apples do you want?

G: Three, please.

M: _____ you are.

STEP2☐   STEP3☐

09 STEP1☐ ① B: Where is my _____ ?

G: It's on the sofa.

② B: Do you _____ dogs?

G: Yes, I do.

③ B: Can you run _____ ?

G: No, I can't.

④ B: What time is it now?

G: It's Monday today.

STEP2☐   STEP3☐

10 STEP1☐ B: Look! It's a _____ day.

G: Yes, the _____ is shining.

B: How about roller-skating?

G: Great idea! The _____ is perfect.

STEP2☐   STEP3☐

> 날씨가 좋을 때 It's a lovely day.
> 또는 The weather is fantastic.
> 이라고 말하기도 해요. 또 햇살이 좋은 날엔
> It's sunny.라고 말할 수 있어요.

11 STEP1☐ W: What are you _____ for?

　　B: I want a _____ about dinosaurs.

　　W: Follow me. We have a lot of dinosaur books.

　　B: Wow. _____ you very much.

STEP2☐　　STEP3☐

What are you looking for?는 '무엇을 찾고 있나요?'라는 뜻으로, 여러분이 가게나 도서관에서 뭔가를 찾고 있을 때 흔히 들을 수 있는 표현이에요. 같은 의미를 가진 표현으로 What are you searching for?를 사용할 수도 있답니다.

12 STEP1☐ B: Guess what? My _____ is coming today.

　　G: Oh, that's exciting. What does he do?

　　B: He's a _____ fighter. He puts out fires.

　　G: That's really _____.

STEP2☐　　STEP3☐

What does he do?는 '그는 무슨 일을 하나요?'라는 뜻으로 직업이 무엇인지 묻는 말이에요. '직업'이라는 뜻의 job을 사용해서 What is his job?이라고 물을 수도 있어요.

13 STEP1☐ W: ① Don't _____.

　　② Don't sit down.

　　③ Don't _____ photos.

　　④ Don't eat or _____ here.

STEP2☐　　STEP3☐

14 STEP1☐ B: _____ are you _____?

STEP2☐　　STEP3☐

15 STEP1☐ B: Hello, Jina. Are you going _____?

　　G: No, I'm not.

　　B: _____ are you _____?

STEP2☐　　STEP3☐

● 앞에서 만났던 중요 표현에 대해 자세히 알아볼까요?

01 Where is my hat?

where은 '어디에', '어디로'라는 의미로, 사람이나 사물의 위치를 물을 때 사용해요. 한 사람 또는 한 개의 사물이 어디에 있는지 물어본다면 Where is ~?라고 하고, 여러 사람이나 여러 개의 사물에 대해서는 Where are ~?라고 물으면 된답니다.

다양한 표현들로 연습해 볼까요?

- ■ Where are you? 너는 어디에 있니?
- ■ Where is my hat? 나의 모자가 어디에 있지?
- ■ Where is the bag? 그 가방이 어디에 있나요?
- ■ Where are the books? 그 책들은 어디에 있어요?

 Where is ~? 또는 Where are ~?로 물어봤을 때, '네.' 또는 '아니요'라는 응답은 어울리지 않겠죠?
그렇기 때문에 Yes / No로 답하지 않아요.
그 물건 또는 사람이 어디에 있는지 정확한 위치를 답해 주어야 한답니다.

02 What time is it now?

우리는 손목시계를 착용하기도 하고, 휴대폰을 가지고 다니는 경우도 있어서 자주 시각을 확인하기 편하죠? 하지만, 만약 그런 물건들이 주변에 없다면 다른 사람에게 시각을 물어봐야 하는 경우도 있어요. 그럴 때는 What time is it now?라고 물어보면 된답니다. 그럼 답은 어떻게 하면 될까요? It is 또는 It's 뒤에 숫자를 넣어서 시각을 표현해요.

시각을 묻고 답하는 표현들을 연습해 볼까요?

- ■ A: What time is it now? 지금 몇 시예요?
  B: It is 5 o'clock. 5시 정각이에요.
- ■ A: What time is it now? 지금 몇 시인가요?
  B: It is 9 : 30. (It is nine thirty.) 9시 30분이에요.

 시각을 말할 때, 오전 또는 오후를 정확히 표현하기도 해요. 오전이라면 시각(숫자) 뒤에 a.m.을, 오후라면 p.m.을 쓴답니다.
'오전 9시에 만나자.'라고 한다면 Let's meet at 9 a.m.이라고 할 수 있어요!

FLY UP

| 정답과 해설 9쪽 |

● MP3 파일을 잘 듣고, 다음 빈칸을 채워 대화를 완성해 보세요.

> A에는 B의 대답에 어울리는 질문이, B에는 A의 질문에 어울리는 대답이 들어갈 거예요. A와 B가 어떠한 대화를 나누게 될까요?

01 A: **Can you run fast?** 너는 빠르게 뛸 수 있니?

  B: No, I can't. 아니, 못해.

02 A: How many apples do you want? 너는 몇 개의 사과를 원하니?

  B: _____

03 A: _____

  B: Great idea! The weather is perfect. 좋은 생각이야! 날씨가 완벽해.

04 A: What does he do? 그는 무슨 일을 하니?

  B: _____

05 A: _____

  B: I'm going to the park for a walk. 나는 산책하러 공원에 가고 있어.

● 주어진 우리말 의미에 맞게 영어로 말해 보세요.

STEP 1 우리말을 읽고 영어로 말해 봐요. 말한 뒤에는 네모 박스에 체크해요.

STEP 2 주어진 단어들을 알맞게 배열하여 문장을 완성해요.

01 내 모자가 어디에 있지? [hat, where, my, is]

STEP 1 ☐

STEP 2 _____

02 아름다운 날이에요. [day, a, beautiful, it's]

STEP 1 ☐

STEP 2 _____

03 너는 무엇을 찾고 있니? [looking, are, what, for, you]

STEP 1 ☐

STEP 2 _____

04 그는 불을 꺼요(화재를 진압해요). [fires, he, puts out]

STEP 1 ☐

STEP 2 _____

05 사진을 찍지 마세요. [photos, don't, take]

STEP 1 ☐

STEP 2 _____

06 너는 오늘 (기분이) 어떠니? [are, today, you, how]

STEP 1 ☐

STEP 2 _____

07 너는 어디로 가는 중이니? [you, going, are, where]

STEP 1 ☐

STEP 2 _____

Listen & Speak Up 3

WARM UP

새로운 어휘들을 미리 공부해 볼까요?
아래의 각 단계를 따라가며 어휘의 소리와 의미를 차근차근 익혀 봐요!

| 정답과 해설 10쪽 |

	따라 말한 후 네모 박스에 체크!	STEP 1 듣고 따라 말하기	STEP 2 들으며 따라 쓰기	STEP 3 들으며 의미 쓰기
01	☐	spring	spring	
02	☐	summer	summer	
03	☐	fall	fall	
04	☐	pool	pool	
05	☐	much	much	
06	☐	backpack	backpack	
07	☐	green	green	
08	☐	let's	let's	
09	☐	order	order	
10	☐	help	help	

● MP3 파일을 잘 듣고, 물음에 답하세요.

01

241033-0031

다음을 듣고, 일치하는 알파벳을 고르시오.

① C c

② F f

③ P p

④ V v

02

241033-0032

다음을 듣고, 첫소리가 나머지와 <u>다른</u> 것을 고르시오.

①   ②   ③   ④

03

241033-0033

다음을 듣고, 빈칸에 들어갈 알맞은 알파벳을 고르시오.

 □ame

① c   ② g   ③ s   ④ t

04

241033-0034

다음을 듣고, 그림과 일치하는 단어를 고르시오.

①   ②   ③   ④

05

▶ 241033-0035

다음을 듣고, 계절에 속하는 단어가 <u>아닌</u> 것을 고르시오.

①   ②   ③   ④

07

▶ 241033-0037

다음을 듣고, 남자아이가 좋아하는 운동을 가장 잘 나타낸 그림을 고르시오.

①    ②

③    ④

06

▶ 241033-0036

다음을 듣고, 그림에서 찾을 수 <u>없는</u> 과일을 고르시오.

①   ②   ③   ④

08

▶ 241033-0038

대화를 듣고, 남자아이가 사려고 하는 것과 지불해야 할 금액이 바르게 짝지어진 것을 고르시오.

메뉴	금액		메뉴	금액
① 피자	$4		② 햄버거	$4
③ 피자	$5		④ 햄버거	$5

09 ▶ 241033-0039

다음을 듣고, 자연스럽지 <u>않은</u> 대화를 고르시오.

①   ②   ③   ④

11 ▶ 241033-0041

대화를 듣고, 두 사람이 대화를 나누는 장소를 고르시오.

① 공항   ② 병원
③ 식당   ④ 백화점

10 ▶ 241033-0040

대화를 듣고, 남자아이가 가지고 있는 물건을 가장 잘 나타낸 그림을 고르시오.

①    ②

③    ④

12 ▶ 241033-0042

대화를 듣고, 두 사람이 대화 후에 하게 될 일을 고르시오.

① 공부하기   ② 노래 부르기
③ 청소하기   ④ 샌드위치 만들기

13

241033-0043

다음을 듣고, 여자아이가 남자아이에게 할 말로 알맞은 것을 고르시오.

①   ②   ③   ④

14

241033-0044

다음을 듣고, 질문에 이어질 응답으로 알맞은 것을 고르시오.

① It's big.
② It's black.
③ It's windy.
④ It's on the table.

15

241033-0045

대화를 듣고, 마지막 질문에 이어질 응답으로 알맞은 것을 고르시오.

① I am tall.
② No, I don't.
③ Sorry, I can't.
④ See you tomorrow.

● 우리말의 의미를 잘 생각한 후, 영어 문장을 완성해 볼까요?

STEP 1 우리말을 읽고 영어 문장을 완성해요.　　**STEP 2** 듣고 나의 답을 확인해요.　　**STEP 3** 여러 번 듣고 큰 소리로 따라 말해요.

A 빈칸을 채워 영어 문장을 완성하세요.

01 얼마예요?

　STEP 1　How m_____ is it?
　STEP 2　☐ CORRECT　　　☐ TRY AGAIN
　STEP 3　☐ ONCE　　　☐ TWICE　　　☐ THREE TIMES

02 천만에요.

　STEP 1　You're w_____.
　STEP 2　☐ CORRECT　　　☐ TRY AGAIN
　STEP 3　☐ ONCE　　　☐ TWICE　　　☐ THREE TIMES

B 주어진 단어들을 알맞게 배열하여 영어 문장을 완성하세요.

01 이것이 네 자전거니?

　STEP 1　[your, bike, this, is]　➡ _____
　STEP 2　☐ CORRECT　　　☐ TRY AGAIN
　STEP 3　☐ ONCE　　　☐ TWICE　　　☐ THREE TIMES

02 저는 오렌지 주스를 좀 원해요.

　STEP 1　[some, I, want, juice, orange]　➡ _____
　STEP 2　☐ CORRECT　　　☐ TRY AGAIN
　STEP 3　☐ ONCE　　　☐ TWICE　　　☐ THREE TIMES

03 모자가 어디에 있니?

　STEP 1　[the, cap, where, is]　➡ _____
　STEP 2　☐ CORRECT　　　☐ TRY AGAIN
　STEP 3　☐ ONCE　　　☐ TWICE　　　☐ THREE TIMES

JUMP UP

● 아래 각 단계를 완료하고, 네모 박스에 체크하세요.

STEP 1 MP3 파일을 잘 듣고, 빈칸에 알맞은 단어를 써요.

STEP 2 한 번 더 듣고, 나의 답을 확인해요. 원어민의 목소리에 맞춰 크게 말해 봐요.

STEP 3 내 목소리를 녹음해서 원어민의 목소리와 비교해 봐요.

01 STEP 1 ☐ W: _____ STEP 2 ☐ STEP 3 ☐

잘 듣고 소리에 알맞은 알파벳을 대문자와 소문자 모두 쓰세요.

02 STEP 1 ☐ W: ① _____ STEP 2 ☐ STEP 3 ☐
② _____
③ _____
④ _____

03 STEP 1 ☐ W: _____ STEP 2 ☐ STEP 3 ☐

04 STEP 1 ☐ W: ① _____ STEP 2 ☐ STEP 3 ☐
② _____
③ _____
④ _____

05 STEP 1 ☐ W: ① _____ STEP 2 ☐ STEP 3 ☐
② _____
③ _____
④ _____

Listen & Speak Up 3

06 STEP1☐ W: ① _____   STEP2☐   STEP3☐

② _____

③ _____

④ _____

07 STEP1☐ B: I _____ to the swimming _____   STEP2☐   STEP3☐

every day. I like _____ .

08 STEP1☐ W: Hello. Can I _____ you?   STEP2☐   STEP3☐

B: One hamburger, please. How _____ is it?

W: It's _____ dollars.

09 STEP1☐ ① G: Is this your _____ ?   STEP2☐   STEP3☐

B: Yes, it is.

② G: _____ are you today?

B: I'm good.

③ G: What day is it?

B: I like red.

④ G: Thank you.

B: You're _____ .

10 STEP1☐ B: I have a very _____ backpack.   STEP2☐   STEP3☐

G: Wow. What _____ is it?

'색깔'을 의미하는 단어 color를 영국에서는
colour라고 쓰기도 한답니다.

B: It's _____ .

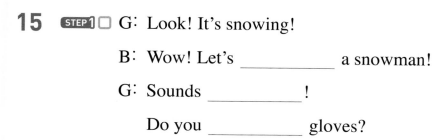

11 STEP1☐ W: What would you like to _____ ?　　　　STEP2☐　　STEP3☐

　　　　　　B: Tomato spaghetti, please.

　　　　　　W: Okay. Would you like anything else?

　　　　　　B: I want some _____ _____ .

12 STEP1☐ B: I'm _____ , Mom.　　　　STEP2☐　　STEP3☐

　　　　　　W: How about making lunch together?

　　　　　　B: _____ ! I want sandwiches.

　　　　　　W: Let's _____ making sandwiches then.

13 STEP1☐ W: ① Can you _____ ?　　　　STEP2☐　　STEP3☐

　　　　　　② Can you jump?

　　　　　　③ Can you _____ ?

　　　　　　④ Can you _____ me?

14 STEP1☐ B: _____ is the cap?　　　　STEP2☐　　STEP3☐

15 STEP1☐ G: Look! It's snowing!　　　　STEP2☐　　STEP3☐

　　　　　　B: Wow! Let's _____ a snowman!

　　　　　　G: Sounds _____ !

　　　　　　　　Do you _____ gloves?

look at은 무언가에 초점을 맞추어 바라볼 때 사용해요. 이와 달리 see는 눈을 뜨고 있어서 무언가가 보이거나, 무의식적으로 시력을 통해 무언가를 보고 알게 되는 것을 뜻해요.

● 앞에서 만났던 중요 표현에 대해 자세히 알아볼까요?

01 How much is it?

how much는 가격이나 양이 얼마나 되는지를 물을 때 사용해요. 그래서 How much is it? 하고 물으면, '그것은 얼마예요?'라는 뜻도 되고, '그것은 양이 얼마나 되나요?'를 뜻하기도 한답니다. 이 책에서는 가격을 묻는 표현으로 자주 등장할 거예요. it 대신에 물건의 이름을 직접 넣어서 가격을 물어보는 경우도 많아요.

그럼 다양한 예문들을 살펴볼까요?

- How much is it? / How much are they? 얼마예요?
- How much is the pencil? 그 연필은 얼마인가요?
- How much are these jeans? 이 청바지는 얼마예요?

 한 개의 물건에 대한 가격을 물을 때는 주로 How much is it? / How much is this? 하고 묻지만, 두 개 이상의 물건에 대해서는 주로 How much are they? / How much are these?라고 한답니다.

02 Let's make a snowman!

무언가를 혼자서 하기보다는, 친구들 또는 가족들과 함께 하면 더 재밌는 경우가 많죠? 그럴 땐 '같이 ~하자.' 또는 '함께 ~하는 것은 어때?' 하고 권해보는 건 어떨까요? 영어로는 let's를 이용해서 간단하게 말할 수 있어요. 눈사람을 같이 만들고 싶다면 Let's make a snowman! 동물원에 같이 가자고 말하고 싶은 거라면 Let's go to the zoo!라고 할 수 있답니다.

다양한 표현들로 연습해 볼까요?

- Let's meet at 5! 다섯 시에 만나자!
- Let's play board games! 보드게임 하자!
- Let's study English! 영어를 공부하자!
- Let's take a break! 휴식을 취하자!

 눈사람을 함께 만들자고 친구에게 말할 때, Let's make a snowman! 외에도, How about making a snowman together?이라고 할 수도 있답니다.

FLY UP

● MP3 파일을 잘 듣고, 다음 빈칸을 채워 대화를 완성해 보세요.

> A에는 B의 대답에 어울리는 질문이, B에는 A의 질문에 어울리는 대답이 들어갈 거예요. A와 B가 어떠한 대화를 나누게 될까요?

01 A: **How much is it?** 그것은 얼마예요?

   B: It's three dollars. 3달러예요.

02 A: Can you sing? 너는 노래할 수 있니?

   B: _____ _____

03 A: _____ _____

   B: Yes, it is. 응, 맞아.

04 A: Let's make a snowman! 눈사람 만들자!

   B: _____ _____

05 A: _____ _____

   B: It's on the table. 그것은 탁자 위에 있어.

 **SPEAK UP**

☀

| 정답과 해설 13쪽 |

● 주어진 우리말 의미에 맞게 영어로 말해 보세요.

STEP 1 우리말을 읽고 영어로 말해 봐요. 말한 뒤에는 네모 박스에 체크해요.

STEP 2 주어진 단어들을 알맞게 배열하여 문장을 완성해요.

01 나는 배가 고파요. [hungry, am, I]

STEP 1 ☐

STEP 2 _____

02 나는 수영하는 것을 좋아해요. [like, swimming, I]

STEP 1 ☐

STEP 2 _____

03 너는 장갑을 가지고 있니? [have, you, gloves, do]

STEP 1 ☐

STEP 2 _____

04 나는 매우 큰 배낭을 가지고 있어요. [have, I, a, backpack, big, very]

STEP 1 ☐

STEP 2 _____

05 나는 수영장에 가요. [I, to, go, swimming pool, the]

STEP 1 ☐

STEP 2 _____

06 너는 나를 도와줄 수 있니? [you, can, help, me]

STEP 1 ☐

STEP 2 _____

07 이 꽃은 얼마예요? [how, is, much, this, flower]

STEP 1 ☐

STEP 2 _____

Listen & Speak Up 4

WARM UP

새로운 어휘들을 미리 공부해 볼까요?
아래의 각 단계를 따라가며 어휘의 소리와 의미를 차근차근 익혀 봐요!

| 정답과 해설 14쪽 |

	따라 말한 후 네모 박스에 체크!	**STEP 1** 듣고 따라 말하기	**STEP 2** 들으며 따라 쓰기	**STEP 3** 들으며 의미 쓰기
01	☐	bottle	bottle	
02	☐	rainbow	rainbow	
03	☐	Saturday	Saturday	
04	☐	drink	drink	
05	☐	small	small	
06	☐	sign	sign	
07	☐	cute	cute	
08	☐	feed	feed	
09	☐	friend	friend	
10	☐	inside	inside	

Listen & Speak Up 4

● MP3 파일을 잘 듣고, 물음에 답하세요.

01
▶ 241033-0046

다음을 듣고, 첫소리가 나머지와 <u>다른</u> 것을 고르시오.

①   ②   ③   ④

03
▶ 241033-0048

다음을 듣고, 빈칸에 들어갈 알맞은 알파벳을 고르시오.

$$\boxed{\square en}$$

① d   ② h   ③ p   ④ t

02
▶ 241033-0047

다음을 듣고, 들려주는 단어의 첫소리와 <u>다른</u> 소리로 시작하는 것을 고르시오.

①

②

③

④

04
▶ 241033-0049

다음을 듣고, 그림과 일치하는 단어를 고르시오.

①   ②   ③   ④

05

241033-0050

다음을 듣고, 요일에 속하는 단어가 <u>아닌</u> 것을 고르시오.

①   ②   ③   ④

07

241033-0052

다음을 듣고, 여자아이가 가장 좋아하는 운동을 가장 잘 나타낸 그림을 고르시오.

①   ②

③    ④

06

241033-0051

다음을 듣고, 바구니 안에 들어 있는 과일을 고르시오.

①   ②   ③   ④

08

241033-0053

대화를 듣고, 여자아이가 주문한 것이 바르게 짝지어진 것을 고르시오.

① 치즈버거 – 콜라
② 치즈버거 – 레모네이드
③ 치킨버거 – 콜라
④ 치킨버거 – 레모네이드

Listen & Speak Up 4 **47**

09

241033-0054

다음을 듣고, 자연스럽지 <u>않은</u> 대화를 고르시오.

①   ②   ③   ④

11

241033-0056

대화를 듣고, 두 사람이 대화를 나누는 장소를 고르시오.

① 동물원
② 박물관
③ 음식점
④ 체육관

10

241033-0055

대화를 듣고, Jenny의 방이 달라질 모습을 가장 잘 나타낸 그림을 고르시오.

①  ②
③ ④

12

241033-0057

대화를 듣고, 두 사람이 누구에 대해 이야기하고 있는지 고르시오.

① 여자아이의 친한 친구
② 남자아이의 친한 친구
③ 여자아이의 농구 선생님
④ 남자아이의 담임 선생님

13

다음을 듣고, 그림의 상황에서 여자아이가 점원에게 할
말로 알맞은 것을 고르시오.

①   ②   ③   ④

14

다음을 듣고, 질문에 이어질 응답으로 알맞은 것을 고르
시오.

① I love winter.
② Look! It's snowing.
③ Okay. Let's take a photo.
④ I like the flowers in the garden.

15

대화를 듣고, 마지막 질문에 이어질 응답으로 알맞은
것을 고르시오.

① I like playing the piano.
② I'd like an orange juice.
③ I study history at school.
④ I enjoy drawing and painting.

● 우리말의 의미를 잘 생각한 후, 영어 문장을 완성해 볼까요?

STEP 1 우리말을 읽고 영어 문장을 완성해요.　　**STEP 2** 듣고 나의 답을 확인해요.　　**STEP 3** 여러 번 듣고 큰 소리로 따라 말해요.

A 빈칸을 채워 영어 문장을 완성하세요.

01 저 원숭이를 봐요!

> **STEP 1** Look at that m_____!
> **STEP 2** ☐ CORRECT　　　　☐ TRY AGAIN
> **STEP 3** ☐ ONCE　　　　☐ TWICE　　　　☐ THREE TIMES

02 모래성을 짓자.

> **STEP 1** Let's b_____ a sandcastle.
> **STEP 2** ☐ CORRECT　　　　☐ TRY AGAIN
> **STEP 3** ☐ ONCE　　　　☐ TWICE　　　　☐ THREE TIMES

B 주어진 단어들을 알맞게 배열하여 영어 문장을 완성하세요.

01 네가 가장 좋아하는 색깔은 무엇이니?

> **STEP 1** [color, what, favorite, your, is]　➡ _____
> **STEP 2** ☐ CORRECT　　　　☐ TRY AGAIN
> **STEP 3** ☐ ONCE　　　　☐ TWICE　　　　☐ THREE TIMES

02 우리가 고양이들에게 먹이를 줄 수 있나요?

> **STEP 1** [feed, can, the cats, we]　➡ _____
> **STEP 2** ☐ CORRECT　　　　☐ TRY AGAIN
> **STEP 3** ☐ ONCE　　　　☐ TWICE　　　　☐ THREE TIMES

03 너는 우산을 가지고 있니?

> **STEP 1** [umbrella, you, have, an, do]　➡ _____
> **STEP 2** ☐ CORRECT　　　　☐ TRY AGAIN
> **STEP 3** ☐ ONCE　　　　☐ TWICE　　　　☐ THREE TIMES

JUMP UP

| 정답과 해설 14쪽 |

● 아래 각 단계를 완료하고, 네모 박스에 체크하세요.

STEP 1 MP3 파일을 잘 듣고, 빈칸에 알맞은 단어를 써요.

STEP 2 한 번 더 듣고, 나의 답을 확인해요. 원어민의 목소리에 맞춰 크게 말해 봐요.

STEP 3 내 목소리를 녹음해서 원어민의 목소리와 비교해 봐요.

01 STEP1 ☐ W: ① _____   STEP2 ☐   STEP3 ☐
② _____
③ _____
④ _____

02 STEP1 ☐ W: _____   STEP2 ☐   STEP3 ☐
① _____
② _____
③ _____
④ _____

03 STEP1 ☐ W: _____   STEP2 ☐   STEP3 ☐

04 STEP1 ☐ W: ① _____   STEP2 ☐   STEP3 ☐
② _____
③ _____
④ _____

05 STEP1 ☐ W: ① _____   STEP2 ☐   STEP3 ☐
② _____
③ _____
④ _____

Listen & Speak Up 4

06 STEP1 ☐ W: ① _____

② _____

③ _____

④ _____

STEP2 ☐   STEP3 ☐

07 STEP1 ☐ G: My _____ sport is _____.

STEP2 ☐   STEP3 ☐

08 STEP1 ☐ M: Welcome to Burger Land! May I help you?

G: Yes. Can I get a _____, please?

M: Sure. Anything to drink?

G: I'd like a _____ lemonade, please.

Thank you!

M: You're _____!

STEP2 ☐   STEP3 ☐

누군가가 '고마워요.' 하고 말할 때, You're welcome. 외에도 It's my pleasure. 또는 줄여서 My pleasure. 하고 답해도 좋아요.

09 STEP1 ☐ ① B: How's the _____ today?

G: It's very windy.

② B: Let's _____ a sandcastle.

G: Great idea.

③ B: Are the elephants big?

G: They eat vegetables.

④ B: What's your favorite _____?

G: I love pizza.

STEP2 ☐   STEP3 ☐

10 STEP1 ☐ M: Jenny, let's _____ your room.

G: Sounds great.

M: What's your favorite _____?

G: I love blue. It's cool and fresh.

M: Great. Let's paint the walls _____.

STEP2 ☐   STEP3 ☐

11 STEP1☐ B: Look at the monkeys!　　　　　　STEP2☐　　STEP3☐

        W: They're so _____.

        B: Can we _____ them?

        W: Sorry, we can't. Look at the _____.

        B: Okay. Let's go see the lions now.

12 STEP1☐ B: Who's that _____?　　　　　　STEP2☐　　STEP3☐

        G: Oh, that's Emily. She's my _____ friend.

        B: Does she _____ Korean?

        G: Yes, she does.

13 STEP1☐ W: ① Are you _____ to order?　　　STEP2☐　　STEP3☐

          ② Do you have an _____?

          ③ Can I _____ my dog inside?

          ④ How many tickets do you want?

14 STEP1☐ B: What's your favorite _____ of the _____?　　　STEP2☐　　STEP3☐

> '아주 좋아하는, 가장 좋아하는'이라는 뜻의 단어 favorite은 영국 영어에서는 favourite으로 쓰기도 한답니다.

15 STEP1☐ G: What _____ do you like most?　　　STEP2☐　　STEP3☐

        B: I really enjoy _____.

        G: Cool! What kind of art activities do you like?

● 앞에서 만났던 중요 표현에 대해 자세히 알아볼까요?

01 Sounds great!

누군가 나에게 어떤 생각을 말해 주거나 권유를 할 때, 내 생각하고 정말 잘 맞거나, 그 사람의 생각에 동의하는 경우가 있죠? 그런 경우에 '좋은 생각이야!' 하고 말하고 싶다면 Sounds great! 하고 말해 보세요. Sounds great!은 It sounds great! / That sounds great!을 간단히 표현한 거예요. 세 가지 표현 모두 다 자주 쓰이니 함께 알아 두면 좋을 거예요.

비슷한 표현들을 더 알아볼까요?

- Sounds good!
- That's a great idea!
- Good idea!
- What a good idea!

 유용한 표현들을 배우게 되었을 때는 눈으로만 읽지 말고, 꼭 소리 내서 여러 번 연습하거나 직접 큰 소리로 말해 보세요!

02 Look at the monkeys!

look은 '보다, 바라보다'의 의미를 가지고 있어요. 그런데 정확히 무엇을 보는 것인지 말하려면 뒤에는 꼭 at이 따라와야 한답니다. look과 at을 아주 친한 짝꿍이라고 생각하면 될 거예요. 그래서 '원숭이들을 봐!'라고 말할 때, <u>Look the monkeys!</u>라고 말하지 않고 Look at the monkeys!라고 말한답니다.
$(×)$

다양한 표현으로 활용해 볼까요?

- Look at **that rainbow!** 저 무지개를 봐!
- Look at **the baby!** 아기를 봐!
- Look at **that sign!** 저 표지판을 봐!
- Look at **the blackboard!** 칠판을 보세요!

 look은 at 뿐 아니라 다른 단어들과 함께 쓰여서 다양한 의미로 쓰이기도 한답니다. look for는 '~을 찾아보다', look into는 '~을 조사하다'를 뜻해요!

FLY UP

| 정답과 해설 18쪽 |

● MP3 파일을 잘 듣고, 다음 빈칸을 채워 대화를 완성해 보세요.

> A에는 B의 대답에 어울리는 질문이, B에는 A의 질문에 어울리는 대답이 들어갈 거예요. A와 B가 어떠한 대화를 나누게 될까요?

01 A: **Who's that boy?**
저 남자아이는 누구니?

　 B: Oh, that's my brother.
오, 그 애는 내 남동생이야.

02 A: Anything to drink?
음료도 필요하신가요?

　 B: _____
_____

03 A: _____
_____

　 B: Great idea!
훌륭한 생각이야!

04 A: Let's paint your desk green.
네 책상을 초록색으로 페인트칠하자.

　 B: _____
_____

05 A: _____
_____

　 B: I enjoy K-pop.
나는 K-pop을 즐겨.

● **주어진 우리말 의미에 맞게 영어로 말해 보세요.**

STEP 1 우리말을 읽고 영어로 말해 봐요. 말한 뒤에는 네모 박스에 체크해요.

STEP 2 주어진 단어들을 알맞게 배열하여 문장을 완성해요.

01 주문하시겠어요? [order, ready, you, are, to]

STEP 1 ☐

STEP 2 _____

02 나무 위의 집을 짓자. [tree house, build, a, let's]

STEP 1 ☐

STEP 2 _____

03 네가 가장 좋아하는 동물은 무엇이니? [animal, your, what, favorite, is]

STEP 1 ☐

STEP 2 _____

04 우리는 새들에게 먹이를 줄 수 없어요. [the, birds, feed, can't, we]

STEP 1 ☐

STEP 2 _____

05 그는 너의 가장 친한 친구니? [friend, is, best, your, he]

STEP 1 ☐

STEP 2 _____

06 제가 제 고양이를 안으로 데려갈 수 있나요? [bring, can, my, cat, I, inside]

STEP 1 ☐

STEP 2 _____

07 그녀는 한국어를 말하니? [she, speak, does, Korean]

STEP 1 ☐

STEP 2 _____

Listen & Speak Up 5

WARM UP

새로운 어휘들을 미리 공부해 볼까요?
아래의 각 단계를 따라가며 어휘의 소리와 의미를 차근차근 익혀 봐요!

| 정답과 해설 19쪽 |

	따라 말한 후 네모 박스에 체크!	**STEP 1** 듣고 따라 말하기	**STEP 2** 들으며 따라 쓰기	**STEP 3** 들으며 의미 쓰기
01	☐	glue	glue	
02	☐	lake	lake	
03	☐	art	art	
04	☐	math	math	
05	☐	science	science	
06	☐	skirt	skirt	
07	☐	short	short	
08	☐	bread	bread	
09	☐	pilot	pilot	
10	☐	busy	busy	

Listen & Speak Up 5

● MP3 파일을 잘 듣고, 물음에 답하세요.

01

▶ 241033-0061

다음을 듣고, 첫소리가 나머지와 <u>다른</u> 것을 고르시오.

①   ②   ③   ④

03

▶ 241033-0063

다음을 듣고, 빈칸에 들어갈 알맞은 알파벳을 고르시오.

☐ell

① b   ② s   ③ t   ④ y

02

▶ 241033-0062

다음을 듣고, 들려주는 단어의 첫소리와 같은 소리로 시작하는 것을 고르시오.

①
②
③
④

04

▶ 241033-0064

다음을 듣고, 그림과 일치하는 단어를 고르시오.

①   ②   ③   ④

05

▶ 241033-0065

다음을 듣고, 나라 이름에 속하는 단어가 <u>아닌</u> 것을 고르시오.

①   ②   ③   ④

06

▶ 241033-0066

다음을 듣고, 오늘의 공부 계획표에서 볼 수 <u>없는</u> 과목을 고르시오.

오늘의 공부 계획표	
09:00 ～ 10:00	사회
11:00 ～ 12:00	수학
14:00 ～ 15:00	영어
15:00 ～ 16:00	미술

①   ②   ③   ④

07

▶ 241033-0067

다음을 듣고, 여자아이가 원하는 것을 가장 잘 나타낸 그림을 고르시오.

①    ②

③    ④

08

▶ 241033-0068

대화를 듣고, 남자아이가 사려고 하는 것과 지불해야 할 금액이 바르게 짝지어진 것을 고르시오.

	물건	금액		물건	금액
①	감자	$1	②	감자	$10
③	달걀	$1	④	달걀	$10

09

▶ 241033-0069

다음을 듣고, 자연스럽지 <u>않은</u> 대화를 고르시오.

①   ②   ③   ④

11

▶ 241033-0071

대화를 듣고, 두 사람이 대화를 나누는 장소를 고르시오.

① 도서관   ② 보건소
③ 수영장   ④ 지하철

10

▶ 241033-0070

대화를 듣고, 남자아이의 여동생의 모습을 가장 잘 나타낸 그림을 고르시오.

①    ②

③    ④

12

▶ 241033-0072

대화를 듣고, 여자아이가 누구에 대해 이야기하고 있는지 고르시오.

① 아빠   ② 삼촌
③ 남동생   ④ 할아버지

13

241033-0073

다음을 듣고, 그림의 상황에서 남자아이가 여자아이에게 할 말로 알맞은 것을 고르시오.

①   ②   ③   ④

14

241033-0074

다음을 듣고, 질문에 이어질 응답으로 알맞은 것을 고르시오.

① It's small.
② It's sunny.
③ It's one dollar.
④ It's under the box.

15

241033-0075

대화를 듣고, 마지막 질문에 이어질 응답으로 알맞은 것을 고르시오.

① She is a teacher.
② She is from Korea.
③ She is forty years old.
④ Her name is Mina Kim.

● 우리말의 의미를 잘 생각한 후, 영어 문장을 완성해 볼까요?

STEP 1 우리말을 읽고 영어 문장을 완성해요.　　**STEP 2** 듣고 나의 답을 확인해요.　　**STEP 3** 여러 번 듣고 큰 소리로 따라 말해요.

A 빈칸을 채워 영어 문장을 완성하세요.

01 나는 빵을 좀 원해.

STEP 1 I want some b_____.

STEP 2 ☐ CORRECT　　　　☐ TRY AGAIN

STEP 3 ☐ ONCE　　　　☐ TWICE　　　　☐ THREE TIMES

02 도와 드릴까요?

STEP 1 Can I h_____ you?

STEP 2 ☐ CORRECT　　　　☐ TRY AGAIN

STEP 3 ☐ ONCE　　　　☐ TWICE　　　　☐ THREE TIMES

B 주어진 단어들을 알맞게 배열하여 영어 문장을 완성하세요.

01 그녀는 노란색 치마를 입고 있니?

STEP 1 [yellow, is, she, a, skirt, in]　➡ _____

STEP 2 ☐ CORRECT　　　　☐ TRY AGAIN

STEP 3 ☐ ONCE　　　　☐ TWICE　　　　☐ THREE TIMES

02 나는 토요일마다 여기에서 수영을 해요.

STEP 1 [here, swim, I, Saturday, every]　➡ _____

STEP 2 ☐ CORRECT　　　　☐ TRY AGAIN

STEP 3 ☐ ONCE　　　　☐ TWICE　　　　☐ THREE TIMES

03 그녀는 나의 새로운 선생님이셔.

STEP 1 [new, she, my, is, teacher]　➡ _____

STEP 2 ☐ CORRECT　　　　☐ TRY AGAIN

STEP 3 ☐ ONCE　　　　☐ TWICE　　　　☐ THREE TIMES

JUMP UP

| 정답과 해설 19쪽 |

● **아래 각 단계를 완료하고, 네모 박스에 체크하세요.**

STEP 1 MP3 파일을 잘 듣고, 빈칸에 알맞은 단어를 써요.

STEP 2 한 번 더 듣고, 나의 답을 확인해요. 원어민의 목소리에 맞춰 크게 말해 봐요.

STEP 3 내 목소리를 녹음해서 원어민의 목소리와 비교해 봐요.

01 STEP 1☐ W: ① _____　　STEP 2☐　　STEP 3☐

② _____

③ _____

④ _____

02 STEP 1☐ W: _____　　STEP 2☐　　STEP 3☐

① _____

② _____

③ _____

④ _____

03 STEP 1☐ W: _____　　STEP 2☐　　STEP 3☐

04 STEP 1☐ W: ① _____　　STEP 2☐　　STEP 3☐

② _____

③ _____

④ _____

05 STEP 1☐ W: ① _____　　STEP 2☐　　STEP 3☐

② _____

③ _____

④ _____

Listen & Speak Up 5

06 STEP1☐ W: ① _____
② _____
③ _____
④ _____

STEP2☐   STEP3☐

07 STEP1☐ G: I am _____. I want some _____.

STEP2☐   STEP3☐

08 STEP1☐ W: Can I help you?

B: I want _____ eggs.

How _____ is an _____?

W: It's one dollar.

B: I'll buy ten eggs then. Here's ten dollars.

STEP2☐   STEP3☐

09 STEP1☐ ① G: _____ are you?

B: I'm _____.

② G: Nice to meet you.

B: Nice to meet you, too.

③ G: What's your name?

B: My name is Jinsu.

④ G: I'm sorry.

B: You're _____.

STEP2☐   STEP3☐

10 STEP1☐ W: Do you have any brothers or sisters?

B: Yes, I have a younger _____.

She is over there.

W: Is she in a _____ skirt?

B: Yeah, she also has _____ hair.

STEP2☐   STEP3☐

영어권에서는 나이의 많고 적음을 따지는 것
이 별로 중요하지 않기 때문에, sister라는
단어로 언니, 누나, 여동생 모두를 표현할 수 있
어요. 만약, 정확히 '여동생'이라고 말하고 싶
을 때는 앞에 younger을 써서, younger
sister라고 표현하면 된답니다.

11 STEP1 ☐ W: Do you _____ swimming?

B: Yes, I do. I swim here every _____ .

W: Oh, you really _____ swimming.

STEP2 ☐   STEP3 ☐

every 뒤에 다양한 단어를 넣어서, 어떠한 동작을 얼마나 자주 하는지 나타낼 수 있어요. every day(매일), every week(매주), every morning(매일 아침) 등으로 활용할 수 있답니다.

12 STEP1 ☐ B: _____ is this in the picture?

G: That's my _____ .

B: What does he do?

G: He's a _____ .

STEP2 ☐   STEP3 ☐

13 STEP1 ☐ W: ① I'm _____ .

② I'm _____ .

③ I'm _____ .

④ I'm busy.

STEP2 ☐   STEP3 ☐

14 STEP1 ☐ G: How's the _____ ?

STEP2 ☐   STEP3 ☐

15 STEP1 ☐ B: Who is that _____ ?

G: That's my _____ teacher.

B: What's her _____ ?

STEP2 ☐   STEP3 ☐

Listen & Speak Up 5

● 앞에서 만났던 중요 표현에 대해 자세히 알아볼까요?

01 Here's ten dollars.

Here's는 Here is를 줄여서 표현한 것으로, '여기 ~이 있어요.'라는 의미입니다. 상대방에게 물건을 건네주면서 '여기 ~이 있어요.'라고 말하는 경우가 많이 있죠? 그런 경우에 사용하면 좋은 표현이에요. Here's 뒤에는 건네는 물건의 이름을 넣어서 사용하면 된답니다. 여러분도 누군가에게 물건을 건넬 때 활용해 보세요.

다양한 상황에서 사용될 수 있는 표현들을 알아볼까요?

- 예매한 표를 보여 주면서: Here's my ticket. 여기 제 표가 있어요.
- 가게에서 돈을 내면서: Here's ten dollars. 여기 10달러가 있어요.
- 가게에서 잔돈을 거슬러 주면서: Here's your change. 여기 당신에게 줄 잔돈이에요.
- 친구의 책을 돌려주면서: Here's your book. 여기 너의 책이 있어.

 누군가가 여러분에게 위의 표현들을 했다면,
Thank you. 또는 Thanks a lot.이라고 감사의 응답을 해 보세요.
대화가 더 즐거워질 거예요!

02 I'm sorry.

누군가에게 미안함을 표현해야 하는 경우가 있어요. 실수로 다른 사람에게 피해를 주었거나 할 때, 마음을 다치게 해서 미안한 마음이 든다면 직접 말로 표현해야 해요. 그런 경우에는 I am sorry. 또는, 줄여서 I'm sorry.라고 말한답니다. 또는 진심으로, 정말로 미안하다고 하고 싶다면 I'm truly sorry.라고 하기도 해요. 반대로, 우리가 이러한 사과의 말을 듣고, '괜찮아.'라고 말하고 싶다면 어떻게 할까요?

아래 상황을 함께 보면서 배워 볼까요?

- A: I'm sorry. 미안해요.
  B: That's okay. 괜찮아요.

- A: I'm truly sorry. 정말 미안해.
  B: No problem. It's all right. 괜찮아.

 미안하다고 말할 때는 감정을 넣어서 표현해 봐요. 상대방이 나의 미안한 마음을 더 잘 느낄 수 있을 거예요.

| 정답과 해설 22쪽 |

● MP3 파일을 잘 듣고, 다음 빈칸을 채워 대화를 완성해 보세요.

> A에는 B의 대답에 어울리는 질문이, B에는 A의 질문에 어울리는 대답이 들어갈 거예요. A와 B가 어떠한 대화를 나누게 될까요?

01 A: **How much is an egg?**　　　　　달걀 하나에 얼마예요?

　　　B: It's one dollar.　　　　　　　　1달러예요.

02 A: Do you like swimming?　　　　　너는 수영을 좋아하니?

　　　B: _____　　_____

03 A: _____　　_____

　　　B: It's sunny.　　　　　　　　　　화창해요.

04 A: Who is this in the picture?　　　사진 속의 이 사람은 누구예요?

　　　B: _____　　_____

05 A: _____　　_____

　　　B: Her name is Mina Kim.　　　　그녀의 이름은 김미나예요.

● **주어진 우리말 의미에 맞게 영어로 말해 보세요.**

STEP1 우리말을 읽고 영어로 말해 봐요. 말한 뒤에는 네모 박스에 체크해요.

STEP2 주어진 단어들을 알맞게 배열하여 문장을 완성해요.

01 나는 빵을 좀 원해요. [some, want, I, bread]

STEP1 ☐

STEP2 _____

02 10달러 여기 있어요. [ten, here, is, dollars]

STEP1 ☐

STEP2 _____

03 그는 무슨 일을 하니? [does, do, what, he]

STEP1 ☐

STEP2 _____

04 너는 정말로 수영을 좋아하는구나. [love, you, really, swimming]

STEP1 ☐

STEP2 _____

05 그녀는 저기 저쪽에 있어요. [over, she, there, is]

STEP1 ☐

STEP2 _____

06 나는 여동생이 한 명 있어요. [younger, a, I, sister, have]

STEP1 ☐

STEP2 _____

07 그녀는 짧은 머리를 하고 있어요. [hair, she, short, has]

STEP1 ☐

STEP2 _____

Listen & Speak Up 6

WARM UP

새로운 어휘들을 미리 공부해 볼까요?
아래의 각 단계를 따라가며 어휘의 소리와 의미를 차근차근 익혀 봐요!

| 정답과 해설 23쪽 |

	따라 말한 후 네모 박스에 체크!	STEP 1 듣고 따라 말하기	STEP 2 들으며 따라 쓰기	STEP 3 들으며 의미 쓰기
01	☐	giraffe	giraffe	
02	☐	shape	shape	
03	☐	cold	cold	
04	☐	salad	salad	
05	☐	fishing	fishing	
06	☐	buy	buy	
07	☐	stationery	stationery	
08	☐	paintbrush	paintbrush	
09	☐	orange	orange	
10	☐	hobby	hobby	

LISTEN UP 듣기평가 모의고사 6

● MP3 파일을 잘 듣고, 물음에 답하세요.

01
▶ 241033-0076

다음을 듣고, 첫소리가 나머지와 <u>다른</u> 것을 고르시오.

①   ②   ③   ④

03
▶ 241033-0078

다음을 듣고, 빈칸에 들어갈 알맞은 알파벳을 고르시오.

$$\boxed{\ \square\text{atch}\ }$$

① c   ② h   ③ m   ④ w

02
▶ 241033-0077

다음을 듣고, 들려주는 단어의 첫소리와 같은 소리로 시작하는 것을 고르시오.

①    ②

③ 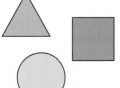   ④

04
▶ 241033-0079

다음을 듣고, 그림에서 표현한 동작과 일치하는 단어를 고르시오.

①   ②   ③   ④

05

▶ 241033-0080

다음을 듣고, 감정에 속하는 단어가 <u>아닌</u> 것을 고르시오.

①   ②   ③   ④

07

▶ 241033-0082

다음을 듣고, 남자아이가 일요일마다 하는 것을 가장 잘 나타낸 그림을 고르시오.

①    ②

③    ④

06

▶ 241033-0081

다음을 듣고, 그림에서 찾을 수 <u>없는</u> 것을 고르시오.

①   ②   ③   ④

08

▶ 241033-0083

대화를 듣고, 지나가 가려는 장소와 필요한 물건이 바르게 짝지어진 것을 고르시오.

	장소	물건		장소	물건
①	서점	책	②	시장	바구니
③	문구점	그림 붓	④	약국	두통약

09

▶ 241033-0084

다음을 듣고, 자연스럽지 <u>않은</u> 대화를 고르시오.

①   ②   ③   ④

11

▶ 241033-0086

대화를 듣고, 두 사람이 대화를 나누는 장소를 고르시오.

① 서점   ② 문방구
③ 옷 가게   ④ 음식점

10

▶ 241033-0085

대화를 듣고, 지금의 날씨를 가장 잘 나타낸 그림을 고르시오.

① 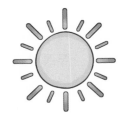   ②

③    ④

12

▶ 241033-0087

대화를 듣고, 두 사람이 무엇에 대해 이야기하고 있는지 고르시오.

① 취미   ② 학교 생활
③ 교통수단   ④ 가족 관계

13

241033-0088

다음을 듣고, 그림의 상황에서 남자아이가 여자아이에게 할 말로 알맞은 것을 고르시오.

①   ②   ③   ④

14

241033-0089

다음을 듣고, 질문에 이어질 응답으로 알맞은 것을 고르시오.

① I like caps.
② It's ten dollars.
③ I have ten caps.
④ I am ten years old.

15

241033-0090

대화를 듣고, 마지막 질문에 이어질 응답으로 알맞은 것을 고르시오.

① Yes, I can.
② She will come soon.
③ Yes, he likes cooking.
④ I'm making cookies for you.

● 우리말의 의미를 잘 생각한 후, 영어 문장을 완성해 볼까요?

STEP 1 우리말을 읽고 영어 문장을 완성해요.　　STEP 2 듣고 나의 답을 확인해요.　　STEP 3 여러 번 듣고 큰 소리로 따라 말해요.

A 빈칸을 채워 영어 문장을 완성하세요.

01 나는 일요일마다 아빠와 낚시를 가요.

STEP 1 I go f_____ with my dad on Sundays.

STEP 2 ☐ CORRECT ☐ TRY AGAIN

STEP 3 ☐ ONCE ☐ TWICE ☐ THREE TIMES

02 너는 몇 개의 그림 붓이 필요하니?

STEP 1 How many paintbrushes do you n_____?

STEP 2 ☐ CORRECT ☐ TRY AGAIN

STEP 3 ☐ ONCE ☐ TWICE ☐ THREE TIMES

B 주어진 단어들을 알맞게 배열하여 영어 문장을 완성하세요.

01 지금 밖에 비가 내리고 있어.

STEP 1 [raining, now, outside, it's] ➡ _____

STEP 2 ☐ CORRECT ☐ TRY AGAIN

STEP 3 ☐ ONCE ☐ TWICE ☐ THREE TIMES

02 이건 어때?

STEP 1 [how, this, about, one] ➡ _____

STEP 2 ☐ CORRECT ☐ TRY AGAIN

STEP 3 ☐ ONCE ☐ TWICE ☐ THREE TIMES

03 나는 쿠키를 만들고 있어.

STEP 1 [making, am, I, cookies] ➡ _____

STEP 2 ☐ CORRECT ☐ TRY AGAIN

STEP 3 ☐ ONCE ☐ TWICE ☐ THREE TIMES

JUMP UP

| 정답과 해설 23쪽 |

● 아래 각 단계를 완료하고, 네모 박스에 체크하세요.

STEP 1 MP3 파일을 잘 듣고, 빈칸에 알맞은 단어를 써요.

STEP 2 한 번 더 듣고, 나의 답을 확인해요. 원어민의 목소리에 맞춰 크게 말해 봐요.

STEP 3 내 목소리를 녹음해서 원어민의 목소리와 비교해 봐요.

01 STEP 1 ☐ W: ① _____ STEP 2 ☐   STEP 3 ☐

② _____

③ _____

④ _____

02 STEP 1 ☐ W: _____ STEP 2 ☐   STEP 3 ☐

① _____

② _____

③ _____

④ _____

03 STEP 1 ☐ W: _____ STEP 2 ☐   STEP 3 ☐

04 STEP 1 ☐ W: ① _____ STEP 2 ☐   STEP 3 ☐

② _____

③ _____

④ _____

05 STEP 1 ☐ W: ① _____ STEP 2 ☐   STEP 3 ☐

② _____

③ _____

④ _____

06 STEP 1 ☐ W: ① _____   STEP 2 ☐   STEP 3 ☐

② _____

③ _____

④ _____

07 STEP 1 ☐ B: I _____ fishing with my dad on Sundays.   STEP 2 ☐   STEP 3 ☐

We _____ fishing!

08 STEP 1 ☐ B: Hi, Jina. _____ are you going?   STEP 2 ☐   STEP 3 ☐

G: Hi, Hyeon! I'm going to the stationery store.

B: What for?

G: I need to _____ a _____ .

> 우리가 자주 가는 문구점은 영어로 stationery store이라고 한답니다.

09 STEP 1 ☐ ① G: What _____ is it?   STEP 2 ☐   STEP 3 ☐

B: It's _____ .

② G: What's this?

B: It's a _____ .

③ G: What do you want?

B: This is my dog.

④ G: Where is my book?

B: It's _____ the table.

10 STEP 1 ☐ B: Shall we _____ badminton together?   STEP 2 ☐   STEP 3 ☐

G: I'd like to, but we can't.

B: _____ not?

G: Look out the window!

It's raining _____ .

> 배드민턴 경기에 사용되는 공은 shuttlecock (셔틀콕)이라고 해요. '왕복(shuttle)'과 '닭(cock)'을 의미하는 단어가 합쳐진 것으로, 배드민턴이 서로 공을 주고받는 경기이고, 과거에는 닭의 깃털을 이용해서 만들었기 때문에 이런 이름을 가지게 되었답니다.

11 `STEP1`☐ B: I like this _____, but it's _____

        big.   `STEP2`☐   `STEP3`☐

        W: How _____ this one?

        B: Oh, I like it.

12 `STEP1`☐ G: Charlie, what's your hobby?   `STEP2`☐   `STEP3`☐

        B: My hobby is _____. What about you?

        G: I _____ playing the _____.

        B: So cool!

> 보통 여가 시간에 취미 활동을 할 수 있죠? 여가 시간은 free time, spare time, downtime으로 표현할 수 있어요. 취미를 묻고 싶을 때에는 What's your hobby? 외에도 What do you do in your free time? 하고 물어봐도 좋답니다.

13 `STEP1`☐ W: ① Are you _____?   `STEP2`☐   `STEP3`☐

          ② Are you _____?

          ③ Are you twelve years _____?

          ④ Are you Jane?

14 `STEP1`☐ G: How _____ caps do you _____?   `STEP2`☐   `STEP3`☐

15 `STEP1`☐ B: Mom, I'm _____! Where are you?   `STEP2`☐   `STEP3`☐

        W: I'm in the _____!

        B: *[pause]* Oh, what are you _____?

● 앞에서 만났던 중요 표현에 대해 자세히 알아볼까요?

01 It's rainy. / It's raining.

rainy는 비 내리는 날씨를 묘사하는 단어예요. 지금 당장은 비가 오지 않더라도, 며칠 간 비 오는 날씨가 계속되거나 비가 곧 올 것처럼 보이는 날씨를 나타낼 때도 사용할 수 있답니다. rainy라는 단어를 이용해서, 비 오는 날은 a rainy day라고 표현할 수 있고, 장마 기간은 rainy season이라고 해요. '나는 비 오는 날을 좋아해.'라고 말하고 싶다면 I like rainy days.라고 말하면 된답니다. It's raining. 은 '비 오는 중이야.'라는 뜻으로, 지금 비가 오고 있는 상황을 생동감 있게 나타내는 표현입니다. 창밖을 열어 봤더니 비가 내리고 있다면, It's raining now. 하고 말해 보세요.

 비슷한 듯 조금 다른 rainy와 raining 모두 자주 쓰이는 단어들이니, 꼭 기억해 두세요!

02 It's too big.

옷을 사러 갔을 때, 마음에 드는 것이 있는데 나에게 너무 커서 사지 못하는 경우가 가끔 있어요. 그럴 때 우리는 '너무 커요.'라고 말하죠. 영어로는 It's too big.이라고 해요. too는 문장 맨 뒤에서 '~도 역시'라는 의미로 쓰이기도 하지만, 상태를 나타내는 단어 앞에 쓰이면 '너무'라는 뜻을 나타내요. '너무 ~해요.'라고 말하고 싶을 때는 It's too ~. 또는 They're too ~.라고 해요.

다양한 표현으로 활용해 볼까요?

- It's too big. 그것은 너무 커요.
- It's too small. 그것은 너무 작아요.
- It's too heavy. 그것은 너무 무거워요.
- It's too spicy. 그것은 너무 매워요.

 이 책에서 문제를 풀다가 답을 모두 맞혔다면, It's too easy! (너무 쉬운 걸?) 하고 말해 볼까요?

● MP3 파일을 잘 듣고, 다음 빈칸을 채워 대화를 완성해 보세요.

A에는 B의 대답에 어울리는 질문이, B에는 A의 질문에 어울리는 대답이 들어갈 거예요. A와 B가 어떠한 대화를 나누게 될까요?

01 A: **How about this one?**   이건 어떤가요?

    B: Oh, I like it.   오, 나는 그것이 마음에 들어요.

02 A: What's this?   이것은 뭐예요?

    B: _____

03 A: _____

    B: I have ten caps.   나는 모자 열 개를 가지고 있어.

04 A: What color is it?   그것은 무슨 색이에요?

    B: _____

05 A: _____

    B: My hobby is skating.   내 취미는 스케이트 타기야.

● **주어진 우리말 의미에 맞게 영어로 말해 보세요.**

STEP1 우리말을 읽고 영어로 말해 봐요. 말한 뒤에는 네모 박스에 체크해요.

STEP2 주어진 단어들을 알맞게 배열하여 문장을 완성해요.

01 우리는 낚시를 정말 좋아해요. [fishing, we, love]

STEP1 ☐

STEP2 _____

02 너는 무엇을 원하니? [do, want, you, what]

STEP1 ☐

STEP2 _____

03 그것은 너무 커요. [is, it, too, big]

STEP1 ☐

STEP2 _____

04 너 괜찮아? [okay, you, are]

STEP1 ☐

STEP2 _____

05 나는 바이올린 연주하는 것을 아주 좋아해. [love, the, playing, I, violin]

STEP1 ☐

STEP2 _____

06 나는 이 셔츠가 마음에 들어요. [like, I, shirt, this]

STEP1 ☐

STEP2 _____

07 창밖을 봐요! [the, out, window, look]

STEP1 ☐

STEP2 _____

Listen & Speak Up 7

WARM UP

새로운 어휘들을 미리 공부해 볼까요?
아래의 각 단계를 따라가며 어휘의 소리와 의미를 차근차근 익혀 봐요!

| 정답과 해설 27쪽 |

	따라 말한 후 네모 박스에 체크!	STEP 1 듣고 따라 말하기	STEP 2 들으며 따라 쓰기	STEP 3 들으며 의미 쓰기
01	☐	put on	put on	
02	☐	ready	ready	
03	☐	subway	subway	
04	☐	cloudy	cloudy	
05	☐	garden	garden	
06	☐	cousin	cousin	
07	☐	winter	winter	
08	☐	sweet	sweet	
09	☐	feel	feel	
10	☐	great	great	

● MP3 파일을 잘 듣고, 물음에 답하세요.

01
▶ 241033-0091

다음을 듣고, 첫소리가 나머지와 <u>다른</u> 것을 고르시오.

①   ②   ③   ④

03
▶ 241033-0093

다음을 듣고, 빈칸에 들어갈 알맞은 알파벳을 고르시오.

☐ake

① b   ② c   ③ l   ④ m

02
▶ 241033-0092

다음을 듣고, 들려주는 단어의 첫소리와 같은 소리로 시작하는 것을 고르시오.

①   ②

③    ④

04
▶ 241033-0094

다음을 듣고, 그림에서 나타내는 직업과 일치하는 단어를 고르시오.

①   ②   ③   ④

05

▶ 241033-0095

다음을 듣고, 색깔에 속하는 단어가 <u>아닌</u> 것을 고르시오.

①   ②   ③   ④

07

▶ 241033-0097

다음을 듣고, 지금의 날씨를 가장 잘 나타낸 그림을 고르시오.

①  ②

③  ④

06

▶ 241033-0096

다음을 듣고, 가방 속에서 찾을 수 <u>없는</u> 것을 고르시오.

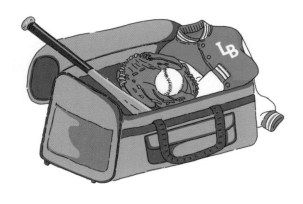

①   ②   ③   ④

08

▶ 241033-0098

대화를 듣고, 두 사람이 가려고 하는 곳과 이용할 교통수단이 바르게 짝지어진 것을 고르시오.

	장소	교통수단		장소	교통수단
①	박물관	버스	②	박물관	지하철
③	영화관	버스	④	영화관	지하철

09

▶ 241033-0099

다음을 듣고, 자연스럽지 <u>않은</u> 대화를 고르시오.

①   ②   ③   ④

11

▶ 241033-0101

다음을 듣고, 두 사람이 대화를 나누는 장소를 고르시오.

① 정원   ② 병원

③ 문구점   ④ 체육관

10

▶ 241033-0100

다음을 듣고, 여자아이가 좋아하는 계절의 모습을 가장 잘 나타낸 그림을 고르시오.

①    ②

③    ④

12

▶ 241033-0102

대화를 듣고, 두 사람이 누구에 대해 이야기하고 있는지 고르시오.

① 여자아이의 동생   ② 여자아이의 사촌

③ 남자아이의 삼촌   ④ 남자아이의 아버지

13

241033-0103

다음을 듣고, 그림의 상황에서 남자아이에게 할 말로 알맞은 것을 고르시오.

①   ②   ③   ④

14

241033-0104

다음을 듣고, 질문에 이어질 응답으로 알맞은 것을 고르시오.

① I'm Yeram.
② I feel great.
③ I study English.
④ I can play the guitar.

15

241033-0105

대화를 듣고, 마지막 질문에 이어질 응답으로 알맞은 것을 고르시오.

① I like sports.
② What a good idea!
③ I can't play table tennis.
④ My favorite sport is tennis.

● 우리말의 의미를 잘 생각한 후, 영어 문장을 완성해 볼까요?

STEP 1 우리말을 읽고 영어 문장을 완성해요.   STEP 2 듣고 나의 답을 확인해요.   STEP 3 여러 번 듣고 큰 소리로 따라 말해요.

A 빈칸을 채워 영어 문장을 완성하세요.

01 우리는 그곳에 지하철을 타고 갈 거야.

STEP 1 We'll get there by s_____.
STEP 2 ☐ CORRECT   ☐ TRY AGAIN
STEP 3 ☐ ONCE   ☐ TWICE   ☐ THREE TIMES

02 너는 오늘 기분이 어떠니?

STEP 1 How do you f_____ today?
STEP 2 ☐ CORRECT   ☐ TRY AGAIN
STEP 3 ☐ ONCE   ☐ TWICE   ☐ THREE TIMES

B 주어진 단어들을 알맞게 배열하여 영어 문장을 완성하세요.

01 너무 더워.

STEP 1 [too, it's, hot]   ➡ _____
STEP 2 ☐ CORRECT   ☐ TRY AGAIN
STEP 3 ☐ ONCE   ☐ TWICE   ☐ THREE TIMES

02 너는 그 남자를 아니?

STEP 1 [know, the, do, you, man]   ➡ _____
STEP 2 ☐ CORRECT   ☐ TRY AGAIN
STEP 3 ☐ ONCE   ☐ TWICE   ☐ THREE TIMES

03 나는 우비를 입을 거예요.

STEP 1 [put on, a, raincoat, I'll]   ➡ _____
STEP 2 ☐ CORRECT   ☐ TRY AGAIN
STEP 3 ☐ ONCE   ☐ TWICE   ☐ THREE TIMES

● **아래 각 단계를 완료하고, 네모 박스에 체크하세요.**

STEP1 MP3 파일을 잘 듣고, 빈칸에 알맞은 단어를 써요.

STEP2 한 번 더 듣고, 나의 답을 확인해요. 원어민의 목소리에 맞춰 크게 말해 봐요.

STEP3 내 목소리를 녹음해서 원어민의 목소리와 비교해 봐요.

01 STEP1 ☐ W: ① _____   STEP2 ☐   STEP3 ☐

② _____

③ _____

④ _____

02 STEP1 ☐ W: _____   STEP2 ☐   STEP3 ☐

① _____

② _____

③ _____

④ _____

03 STEP1 ☐ W: _____   STEP2 ☐   STEP3 ☐

04 STEP1 ☐ W: ① _____   STEP2 ☐   STEP3 ☐

② _____

③ _____

④ _____

05 STEP1 ☐ W: ① _____   STEP2 ☐   STEP3 ☐

② _____

③ _____

④ _____

Listen & Speak Up 7

06 STEP1☐ W: ① _____

② _____

③ _____

④ _____

STEP2☐   STEP3☐

07 STEP1☐ G: It's raining now.

I'll _____ _____ a raincoat.

STEP2☐   STEP3☐

08 STEP1☐ B: I'm ready to _____ to the museum.

W: Good. We'll _____ there by subway.

B: How _____! I like taking the subway.

STEP2☐   STEP3☐

미국에서는 보통 지하철을 subway라고 하지만, 영국에서는 tube라고 하고, 유럽 다른 국가들에서 metro라고 표현하는 경우도 있답니다.

09 STEP1☐ ① G: _____ are you?

B: I'm good.

② G: How's the weather?

B: It's _____.

③ G: How's it going?

B: I go to school.

④ G: How _____ apples are there?

B: Four apples.

STEP2☐   STEP3☐

10 STEP1☐ G: It's so _____. I don't like _____.

B: What season do you like?

G: I like winter. I can see _____ in winter.

STEP2☐   STEP3☐

11 STEP1☐ G: _____ at that! Can you see the butterfly? STEP2☐ STEP3☐

B: Yes! It's on the _____ !

G: I love this _____ .

B: So do I. It's beautiful.

12 STEP1☐ B: Do you _____ that man? STEP2☐ STEP3☐

G: Yes, I do.

B: _____ is he?

G: He's _____ cousin.

cousin은 '사촌'이라는 뜻 외에도 '(먼) 친척, 일가'라는 의미도 있어요.

13 STEP1☐ ① Don't _____ in the classroom. STEP2☐ STEP3☐

② Don't eat too many sweets.

③ Don't _____ computer games.

④ Don't _____ TV too much.

14 STEP1☐ B: How do you _____ today? STEP2☐ STEP3☐

15 STEP1☐ G: Can you play _____ _____ ? STEP2☐ STEP3☐

B: Yes, I can.

G: Oh, great! How about playing it together this

_____ ?

● 앞에서 만났던 중요 표현에 대해 자세히 알아볼까요?

01 We'll go there by subway.

자가용, 자전거, 버스, 기차, 지하철 등을 교통수단이라고 하죠? 여러분은 어떠한 교통수단을 자주 이용하나요? 즐겨 이용하는 교통수단이 있나요? 우리가 '〜을 타고' 어딘가로 간다고 이야기할 때, 'by + 교통수단'이라는 표현을 이용해요. 예를 들어 '버스를 타고'라고 말한다면 'by bus', '기차를 타고'라고 한다면 'by train'이라고 한답니다.

다양한 표현으로 연습해 볼까요?

- ■ We'll go there by subway. 우리는 그곳에 지하철을 타고 갈 거예요.
- ■ I'll go there by train. 나는 그곳에 기차를 타고 갈 거예요.
- ■ She goes to school by bus. 그녀는 버스를 타고 학교에 다녀요.
- ■ Tom goes to work by car. Tom은 차를 타고 출근해요.

 by와 교통수단 사이에는 a나 an을 넣지 않는다는 것도 기억하세요! by a bus (x)   by bus (○)

02 I play the piano.

play라는 단어를 보면 어떤 뜻이 떠오르나요? play는 여러 가지 뜻을 가진 단어예요. '놀다', '운동이나 게임을 하다', '작동시키다'라는 뜻도 있고, '(악기를) 연주하다'라는 의미로도 사용된답니다. 정말 여러 가지 뜻을 가지고 있죠? 그 중에서도 '(악기를) 연주하다'의 의미로 사용할 때에는 악기와 play 사이에 꼭 the를 사용해야 합니다. 이것을 꼭 기억하세요!

play를 이용한 다양한 표현을 살펴볼까요?

- ■ We play baseball every Saturday. 우리는 토요일마다 야구를 해.
- ■ I don't play computer games. 나는 컴퓨터 게임을 하지 않아.
- ■ She can play the guitar. 그녀는 기타를 연주할 수 있어.
- ■ Can you play the violin? 너는 바이올린을 연주할 수 있니?

 play의 뜻은 뒤에 어떤 단어가 있는지에 따라 의미가 달라져요. 해석을 할 때, play 뒤에 무엇이 있는지 잘 보세요!

FLY UP

| 정답과 해설 30쪽 |

● MP3 파일을 잘 듣고, 다음 빈칸을 채워 대화를 완성해 보세요.

A에는 B의 대답에 어울리는 질문이, B에는 A의 질문에 어울리는 대답이 들어갈 거예요. A와 B가 어떠한 대화를 나누게 될까요?

01 A: **What season do you like?**   너는 어떤 계절을 좋아하니?

　　 B: I love winter.   나는 겨울을 아주 좋아해.

02 A: Who is he?   그는 누구야?

　　 B: _____   _____

03 A: _____   _____

　　 B: I feel great.   나는 기분이 아주 좋아.

04 A: How do you go there?   너는 그곳에 어떻게 가니?

　　 B: _____   _____

05 A: _____   _____

　　 B: Yes, I can.   응, 나는 할 수 있어.

● **주어진 우리말 의미에 맞게 영어로 말해 보세요.**

STEP 1 우리말을 읽고 영어로 말해 봐요. 말한 뒤에는 네모 박스에 체크해요.

STEP 2 주어진 단어들을 알맞게 배열하여 문장을 완성해요.

01 나는 우비를 입을 거예요. [put on, a, I'll, raincoat]

STEP 1 ☐

STEP 2 _____

02 나는 여름을 좋아하지 않아요. [don't, summer, like, I]

STEP 1 ☐

STEP 2 _____

03 우리는 그곳에 지하철을 타고 갈 거예요. [there, we'll, get, subway, by]

STEP 1 ☐

STEP 2 _____

04 너는 저 남자를 아니? [man, know, do, that, you]

STEP 1 ☐

STEP 2 _____

05 너는 오늘 기분이 어떠니? [do, how, you, today, feel]

STEP 1 ☐

STEP 2 _____

06 나는 탁구를 칠 수 있어. [can, play, I, table tennis]

STEP 1 ☐

STEP 2 _____

07 단것들을 너무 많이 먹지 마라. [too, many, don't, sweets, eat]

STEP 1 ☐

STEP 2 _____

Listen & Speak Up 8

WARM UP

새로운 어휘들을 미리 공부해 볼까요?
아래의 각 단계를 따라가며 어휘의 소리와 의미를 차근차근 익혀 봐요!

| 정답과 해설 31쪽 |

	따라 말한 후 네모 박스에 체크!	STEP 1 듣고 따라 말하기	STEP 2 들으며 따라 쓰기	STEP 3 들으며 의미 쓰기
01	☐	zoo	zoo	
02	☐	family	family	
03	☐	door	door	
04	☐	balloon	balloon	
05	☐	strawberry	strawberry	
06	☐	jump	jump	
07	☐	high	high	
08	☐	show	show	
09	☐	quiet	quiet	
10	☐	wet	wet	

● MP3 파일을 잘 듣고, 물음에 답하세요.

01
▶ 241033-0106

다음을 듣고, 첫소리가 나머지와 <u>다른</u> 것을 고르시오.

①   ②   ③   ④

03
▶ 241033-0108

다음을 듣고, 빈칸에 들어갈 알맞은 알파벳을 고르시오.

☐ate

① d   ② g   ③ h   ④ l

02
▶ 241033-0107

다음을 듣고, 들려주는 단어의 첫소리와 같은 소리로 시작하는 것을 고르시오.

①    ②

③    ④

04
▶ 241033-0109

다음을 듣고, 그림과 일치하는 단어를 고르시오.

①   ②   ③   ④

05

▶ 241033-0110

다음을 듣고, 스포츠에 속하는 단어가 <u>아닌</u> 것을 고르시오.

①   ②   ③   ④

07

▶ 241033-0112

다음을 듣고, 남자아이가 필요한 것을 가장 잘 나타낸 그림을 고르시오.

①    ②

③    ④

06

▶ 241033-0111

다음을 듣고, 옷장 속에서 찾을 수 있는 것을 고르시오.

①   ②   ③   ④

08

▶ 241033-0113

대화를 듣고, 여자아이가 사려고 하는 것과 그 개수가 바르게 짝지어진 것을 고르시오.

	메뉴	개수
①	체리 아이스크림콘	1
②	딸기 아이스크림콘	1
③	체리 아이스크림콘	2
④	딸기 아이스크림콘	2

Listen & Speak Up 8

09

▶ 241033-0114

다음을 듣고, 자연스럽지 <u>않은</u> 대화를 고르시오.

①   ②   ③   ④

11

▶ 241033-0116

대화를 듣고, 두 사람이 대화를 나누는 장소를 고르시오.

① 영화관   ② 박물관
③ 도서관   ④ 체육관

10

▶ 241033-0115

대화를 듣고, 지금의 날씨를 가장 잘 나타낸 그림을 고르시오.

①    ②

③    ④

12

▶ 241033-0117

대화를 듣고, 두 사람이 누구에 대해 이야기하고 있는지 고르시오.

① 테니스 강사
② 체육 선생님
③ 여자아이의 언니
④ 남자아이의 숙모

13

241033-0118

다음을 듣고, 그림의 상황에서 공원 직원이 여자아이에게 할 수 있는 말로 알맞은 것을 고르시오.

①   ②   ③   ④

14

241033-0119

다음을 듣고, 주어진 말에 이어질 말로 알맞은 것을 고르시오.

① I'm very sorry.
② That sounds great.
③ I like chocolate cake, too.
④ My birthday is on January 15th.

15

241033-0120

대화를 듣고, 마지막 질문에 이어질 응답으로 알맞은 것을 고르시오.

① I can jump rope.
② She is my classmate.
③ I have a stomachache.
④ My favorite pet is a cat.

● 우리말의 의미를 잘 생각한 후, 영어 문장을 완성해 볼까요?

STEP 1 우리말을 읽고 영어 문장을 완성해요.　　**STEP 2** 듣고 나의 답을 확인해요.　　**STEP 3** 여러 번 듣고 큰 소리로 따라 말해요.

A 빈칸을 채워 영어 문장을 완성하세요.

01 나는 풍선이 필요해.

> **STEP 1** I need b_____s.
> **STEP 2** ☐ CORRECT　　☐ TRY AGAIN
> **STEP 3** ☐ ONCE　　☐ TWICE　　☐ THREE TIMES

02 딸기 아이스크림이 있나요?

> **STEP 1** Do you have s_____ ice c_____?
> **STEP 2** ☐ CORRECT　　☐ TRY AGAIN
> **STEP 3** ☐ ONCE　　☐ TWICE　　☐ THREE TIMES

B 주어진 단어들을 알맞게 배열하여 영어 문장을 완성하세요.

01 오늘이 무슨 요일이지?

> **STEP 1** [day, it, what, is, today]　➡ _____
> **STEP 2** ☐ CORRECT　　☐ TRY AGAIN
> **STEP 3** ☐ ONCE　　☐ TWICE　　☐ THREE TIMES

02 저는 8시에 일어나요.

> **STEP 1** [at, up, o'clock, I, get, 8]　➡ _____
> **STEP 2** ☐ CORRECT　　☐ TRY AGAIN
> **STEP 3** ☐ ONCE　　☐ TWICE　　☐ THREE TIMES

03 비가 오고 있니?

> **STEP 1** [is, raining, it]　➡ _____
> **STEP 2** ☐ CORRECT　　☐ TRY AGAIN
> **STEP 3** ☐ ONCE　　☐ TWICE　　☐ THREE TIMES

JUMP UP

| 정답과 해설 31쪽 |

● 아래 각 단계를 완료하고, 네모 박스에 체크하세요.

STEP 1 MP3 파일을 잘 듣고, 빈칸에 알맞은 단어를 써요.

STEP 2 한 번 더 듣고, 나의 답을 확인해요. 원어민의 목소리에 맞춰 크게 말해 봐요.

STEP 3 내 목소리를 녹음해서 원어민의 목소리와 비교해 봐요.

01 STEP1 ☐ W: ① _____   STEP2 ☐   STEP3 ☐

② _____

③ _____

④ _____

02 STEP1 ☐ W: _____   STEP2 ☐   STEP3 ☐

① _____

② _____

③ _____

④ _____

03 STEP1 ☐ W: _____   STEP2 ☐   STEP3 ☐

04 STEP1 ☐ W: ① _____   STEP2 ☐   STEP3 ☐

② _____

③ _____

④ _____

05 STEP1 ☐ W: ① _____   STEP2 ☐   STEP3 ☐

② _____

③ _____

④ _____

Listen & Speak Up 8

06 STEP1☐ W: ① _____   STEP2☐   STEP3☐

② _____

③ _____

④ _____

07 STEP1☐ B: I don't need a _____ . I need _____ s. STEP2☐ STEP3☐

08 STEP1☐ G: Excuse me, do you have _____ ice cream? STEP2☐ STEP3☐

M: Yes. How _____ cones do you need?

G: I'll _____ two strawberry ice cream cones.

아이스크림 가게에서 아이스크림을 콘이나 용기에 담아 판매하지요. How many cones do you need?는 콘에 담은 아이스크림을 몇 개 구입할지 묻는 말이에요. How many cones do you want?라고 말할 수도 있답니다.

09 STEP1☐ ① G: What _____ is it? STEP2☐ STEP3☐

B: It's Friday.

② G: Can you jump high?

B: I like jumping.

③ G: What color is the door?

B: It's _____ .

④ G: _____ do you get up?

B: I get up at 8 o'clock.

10 STEP1☐ B: Mom, is it _____ ? STEP2☐ STEP3☐

W: No, it's not raining.

B: How's the _____ ?

W: It's very _____ outside.

날씨를 물을 때 How's the weather? 대신 What's the weather like?를 사용할 수 있어요. 여기서 like는 '좋아하다'가 아니라 '~와 같은'이라는 뜻이에요.

11 STEP1☐ G: Hi. Can I get tickets for the 10 o'clock   STEP2☐   STEP3☐

_____ ?

M: Of course. How many tickets do you need?

G: Two tickets, please.

M: _____ you go! Enjoy the _____ !

12 STEP1☐ B: Is your sister playing _____ today?   STEP2☐   STEP3☐

G: Yes, she's at the tennis court.

B: Does she _____ tennis _____ ?

G: Yes, she does.

13 STEP1☐ W: ① Be on time.   STEP2☐   STEP3☐

② Please be _____ .

③ _____ sit there. It's wet.

④ Don't _____ your smartphone.

14 STEP1☐ M: Let's eat _____ _____ .   STEP2☐   STEP3☐

15 STEP1☐ B: Amy, are you _____ ?   STEP2☐   STEP3☐

G: No, I'm not.

B: What's _____ ?

상대방의 표정이나 컨디션이 좋아 보이지 않
을 때 Are you okay?라고 묻는 것 외에
도 Are you all right?이라고 말할 수도
있어요.

Listen & Speak Up 8

● 앞에서 만났던 중요 표현에 대해 자세히 알아볼까요?

01 I have a stomachache.

have라는 단어를 보면 '가지고 있다'라는 뜻이 제일 먼저 떠오를 수 있지만 이밖에 여러 가지 의미로 쓰일 수 있답니다. have 뒤에 아픈 증상을 쓰면 '~가 아파요, ~한 증상이 있어요'라는 뜻이에요. 예를 들어, 감기에 걸렸다면 I have a cold.라고 표현해요.

have를 이용해서 증상을 표현해 볼까요?

■ I have a cold. 나는 감기에 걸렸어요. (감기 증상이 있어요.)

■ I have the flu. 나는 독감에 걸렸어요. (독감 증상이 있어요.)

■ I have a headache. 나는 머리가 아파요.

■ I have a stomachache. 나는 배가 아파요.

 have의 형태는 has 또는 had로 변하기도 해요.
'그녀는 배가 아파요.'라고 한다면 She has a stomachache.라고 한답니다.

02 I need balloons.

need는 '필요하다'라는 뜻을 가진 단어로, 뒤에 필요한 물건을 넣어서 '~이 필요해요'라고 말할 수 있어요. '나는 연필이 하나 필요해요.'라고 한다면, I need a pencil.이라고 말할 수 있답니다. 또는 '나는 물을 조금 원해요.'라고 하고 싶을 때는 I need some water. 이렇게 표현할 수 있어요.

다양한 표현으로 연습해 볼까요?

■ I need balloons. 나는 풍선이 필요해.

■ I need an eraser. 나는 지우개가 하나 필요해.

■ I need your help. 나는 너의 도움이 필요해.

■ I need some sugar. 나는 설탕이 조금 필요해.

 need는 e가 두 번 연이어 나오기 때문에 짧게 발음하지 않고, 길게 발음해요!

| 정답과 해설 34쪽 |

● MP3 파일을 잘 듣고, 다음 빈칸을 채워 대화를 완성해 보세요.

> A에는 B의 대답에 어울리는 질문이, B에는 A의 질문에 어울리는 대답이 들어갈 거예요. A와 B가 어떠한 대화를 나누게 될까요?

01 A: **What day is it?**　　무슨 요일이에요?

　　B: It's Friday.　　금요일이에요.

02 A: How's the weather?　　날씨가 어때요?

　　B: _____　　_____

03 A: _____　　_____

　　B: Yes. How many cones do you need?　　네. 콘 몇 개가 필요하세요?

04 A: What's wrong?　　어디가 안 좋니?

　　B: _____　　_____

05 A: _____　　_____

　　B: Of course. How many tickets do you need?　　물론이죠. 표가 몇 장 필요하세요?

Listen & Speak Up 8

● 주어진 우리말 의미에 맞게 영어로 말해 보세요.

STEP 1 우리말을 읽고 영어로 말해 봐요. 말한 뒤에는 네모 박스에 체크해요.

STEP 2 주어진 단어들을 알맞게 배열하여 문장을 완성해요.

01 너는 높이 점프할 수 있니? [jump, you, high, can]

STEP1 ☐

STEP2 _____

02 비가 내리고 있지 않아요. [raining, not, it's]

STEP1 ☐

STEP2 _____

03 그 경기 표를 살 수 있나요? [tickets, I, get, the, game, can, for]

STEP1 ☐

STEP2 _____

04 그녀는 테니스 코트에 있어요. [at, court, she's, tennis, the]

STEP1 ☐

STEP2 _____

05 거기 앉지 마세요. [there, don't, sit]

STEP1 ☐

STEP2 _____

06 쿠키를 좀 먹자. [eat, let's, cookies, some]

STEP1 ☐

STEP2 _____

07 너 괜찮니? [you, okay, are]

STEP1 ☐

STEP2 _____

Listen & Speak Up 9

WARM UP

새로운 어휘들을 미리 공부해 볼까요?
아래의 각 단계를 따라가며 어휘의 소리와 의미를 차근차근 익혀 봐요!

| 정답과 해설 36쪽 |

	따라 말한 후 네모 박스에 체크!	STEP 1 듣고 따라 말하기	STEP 2 들으며 따라 쓰기	STEP 3 들으며 의미 쓰기
01	☐	kite	kite	
02	☐	guitar	guitar	
03	☐	rose	rose	
04	☐	season	season	
05	☐	miss	miss	
06	☐	painting	painting	
07	☐	wonderful	wonderful	
08	☐	proud	proud	
09	☐	picture	picture	
10	☐	return	return	

● MP3 파일을 잘 듣고, 물음에 답하세요.

01 ▶ 241033-0121

다음을 듣고, 첫소리가 나머지와 <u>다른</u> 것을 고르시오.

①   ②   ③   ④

03 ▶ 241033-0123

다음을 듣고, 빈칸에 들어갈 알맞은 알파벳을 고르시오.

□un

① b   ② f   ③ r   ④ s

02 ▶ 241033-0122

다음을 듣고, 들려주는 단어의 첫소리와 <u>다른</u> 소리로 시작하는 것을 고르시오.

①
②
③
④

04 ▶ 241033-0124

다음을 듣고, 그림과 일치하는 단어를 고르시오.

①   ②   ③   ④

05

241033-0125

다음을 듣고, 탈것에 속하는 단어가 <u>아닌</u> 것을 고르시오.

①   ②   ③   ④

06

241033-0126

다음을 듣고, 음악실에서 볼 수 있는 것을 고르시오.

①   ②   ③   ④

07

241033-0127

다음을 듣고, 남자아이가 가지고 있는 것을 가장 잘 나타낸 그림을 고르시오.

①   ②

③   ④

08

241033-0128

대화를 듣고, 여자아이가 사려는 것과 그 개수가 바르게 짝지어진 것을 고르시오.

	꽃	개수		꽃	개수
①	장미	4	②	장미	5
③	카네이션	4	④	카네이션	5

Listen & Speak Up 9

09
▶ 241033-0129

다음을 듣고, 자연스럽지 <u>않은</u> 대화를 고르시오.

① ② ③ ④

10
▶ 241033-0130

대화를 듣고, 제주의 날씨를 가장 잘 나타낸 그림을 고르시오.

①  ②

③  ④

11
▶ 241033-0131

대화를 듣고, 두 사람이 대화를 나누는 장소를 고르시오.

① 은행   ② 서점
③ 영화관   ④ 미술관

12
▶ 241033-0132

대화를 듣고, 두 사람이 누구에 대해 이야기하고 있는지 고르시오.

① 남자아이의 형   ② 남자아이의 삼촌
③ 여자아이의 친구   ④ 여자아이의 이모

13

241033-0133

다음을 듣고, 그림의 상황에서 직원이 여자아이에게 할 말로 알맞은 것을 고르시오.

①   ②   ③   ④

14

241033-0134

다음을 듣고, 질문에 이어질 응답으로 알맞은 것을 고르시오.

① I'm very tired.
② I have two sisters.
③ My favorite color is yellow.
④ My hobby is playing the guitar.

15

241033-0135

대화를 듣고, 마지막 질문에 이어질 응답으로 알맞은 것을 고르시오.

① It's snowing.
② It's my camera.
③ She is four years old.
④ I like chicken sandwiches.

● 우리말의 의미를 잘 생각한 후, 영어 문장을 완성해 볼까요?

STEP1 우리말을 읽고 영어 문장을 완성해요.　　STEP2 듣고 나의 답을 확인해요.　　STEP3 여러 번 듣고 큰 소리로 따라 말해요.

A 빈칸을 채워 영어 문장을 완성하세요.

01 나는 펜을 가지고 있지 않아.

STEP1 　I d_____ have a p_____.

STEP2 　☐ CORRECT　　☐ TRY AGAIN

STEP3 　☐ ONCE　　☐ TWICE　　☐ THREE TIMES

02 너희 엄마께서 이 스카프를 정말 좋아하실 거야.

STEP1 　Your m_____ will love this s_____.

STEP2 　☐ CORRECT　　☐ TRY AGAIN

STEP3 　☐ ONCE　　☐ TWICE　　☐ THREE TIMES

B 주어진 단어들을 알맞게 배열하여 영어 문장을 완성하세요.

01 셔츠는 얼마인가요?

STEP1 　[is, shirt, how, the, much]　➡ _____

STEP2 　☐ CORRECT　　☐ TRY AGAIN

STEP3 　☐ ONCE　　☐ TWICE　　☐ THREE TIMES

02 너는 몇 시에 학교에 가니?

STEP1 　[time, you, school, go, do, what, to]　➡ _____

STEP2 　☐ CORRECT　　☐ TRY AGAIN

STEP3 　☐ ONCE　　☐ TWICE　　☐ THREE TIMES

03 지금 비가 내리고 있어요.

STEP1 　[now, raining, it's]　➡ _____

STEP2 　☐ CORRECT　　☐ TRY AGAIN

STEP3 　☐ ONCE　　☐ TWICE　　☐ THREE TIMES

JUMP UP

● **아래 각 단계를 완료하고, 네모 박스에 체크하세요.**

STEP1 MP3 파일을 잘 듣고, 빈칸에 알맞은 단어를 써요.

STEP2 한 번 더 듣고, 나의 답을 확인해요. 원어민의 목소리에 맞춰 크게 말해 봐요.

STEP3 내 목소리를 녹음해서 원어민의 목소리와 비교해 봐요.

01 STEP1 ☐ W: ① _____   STEP2 ☐   STEP3 ☐

② _____

③ _____

④ _____

02 STEP1 ☐ W: _____   STEP2 ☐   STEP3 ☐

① _____

② _____

③ _____

④ _____

03 STEP1 ☐ W: _____   STEP2 ☐   STEP3 ☐

04 STEP1 ☐ W: ① _____   STEP2 ☐   STEP3 ☐

② _____

③ _____

④ _____

05 STEP1 ☐ W: ① _____   STEP2 ☐   STEP3 ☐

② _____

③ _____

④ _____

Listen & Speak Up 9

06 STEP1☐ W: ① _____

② _____

③ _____

④ _____

STEP2☐　　STEP3☐

07 STEP1☐ B: I _____ _____ a pen.

I have a _____.

STEP2☐　　STEP3☐

영국 영어에서는 '내가 (무엇)을 가지고 있다.'라고 할 때 have 대신 have got이란 표현을 사용하기도 해요. 예를 들어, '난 연필을 가지고 있어.'는 I've got a pencil.이라고 말한답니다.

08 STEP1☐ G: These _____ are beautiful.

M: Yes. Your _____ will love them.

G: Yes. Can I have five roses?

M: Sure. Here you _____.

STEP2☐　　STEP3☐

상대방에게 물건을 건네줄 때 Here you go. 외에도 Here you are. 하고 말할 수 있어요.

09 STEP1☐ ① B: Do you _____ storybooks?

G: Yes, I do.

② B: How much is the shirt?

G: It's too big.

③ B: What's your favorite season?

G: Winter. I love _____ days.

④ B: What _____ do you go to school?

G: I go to school at 8:30.

STEP2☐　　STEP3☐

10 STEP1☐ B: Hey, how's the weather in Jeju?

G: It's _____ now. How about in Busan?

B: It's very _____. I _____ the sun.

G: Me, too.

STEP2☐　　STEP3☐

11 STEP1☐ B: _____ at these paintings. STEP2☐ STEP3☐

G: They're wonderful. Can I _____ a picture

of them?

B: No, you can't. You can _____ look at

them.

G: Oh, I see.

12 STEP1☐ G: Hey, Jiho. What's _____ ? STEP2☐ STEP3☐

B: My brother finally got on the school soccer

_____ .

G: That's great.

B: Yeah, I'm very _____ of him.

13 STEP1☐ W: ① What's your favorite _____ ? STEP2☐ STEP3☐

② Are you ready to _____ ?

③ You can't eat or drink here.

④ Please _____ the books on time.

14 STEP1☐ M: What is your _____ ? STEP2☐ STEP3☐

15 STEP1☐ G: Jinsu, who's this _____ in the picture? STEP2☐ STEP3☐

B: Oh, she's my _____ sister.

G: She's so cute. How _____ is she?

● 앞에서 만났던 중요 표현에 대해 자세히 알아볼까요?

01 Can I take a picture?

여러분은 사진 찍는 것을 좋아하나요? 요즘은 휴대폰을 이용해서 사진을 쉽게 찍을 수 있기 때문에 특별한 날이 아니어도 일상 속에서 사진을 자주 찍곤 하지요. 그러나 때로는 사진을 찍을 수 없는 곳들이 있을 수도 있어요. 그럴 때는 '이곳에서 사진을 찍어도 되나요?'라고 물어봐야 하는데요, 영어로 Can I take a picture here?이라고 하면 됩니다. 이 문장에서 Can I ~?는 '내가 ~해도 되나요?'라는 의미로, 허가를 구할 때 사용한답니다.

Can I ~?를 이용해서 허가를 구하는 표현을 연습해볼까요?

■ Can I use this? 이것을 사용해도 될까요?

■ Can I borrow your book? 너의 책을 빌려도 될까?

■ Can I open the window? 창문을 열어도 될까요?

■ Can I sit here? 여기 앉아도 될까요?

 Can I take a picture? 뒤에 of를 이용하여 무엇을 찍으려 하는지 나타낼 수 있어요.
예를 들어, '당신의 사진을 찍어도 되나요?'라고 묻고 싶다면 Can I take a picture of you?라고 하면 된답니다.

02 What's up?

위 표현은 사람들이 서로 만나 인사할 때 사용하는 말로, '어떻게 지내?'라는 뜻이에요. 이 말은 안부가 어떤지를 묻는 말이기도 하고, 그 사람의 생활에 흥미로운 어떤 일이 있는지 묻는 말이기도 해요. 안부를 묻는 다른 말로는, 여러분들에게 익숙한 How are you?도 있답니다.

예문을 통해 What's up?이 어떻게 사용되는지 살펴볼까요?

■ A: Hey, Jinsu! What's up? 진수야! 잘 지내지?

B: I'm doing great. How about you? 잘 지내고 있어. 너는 어때?

A: I'm good. I'm going to go on a picnic tomorrow.
좋아. 나는 내일 소풍을 갈 예정이야.

B: Sounds fun! 재미있겠다!

 인사말과 안부 표현은 자주 사용하는 표현인 만큼 크게 소리 내어 말해 보고 최대한 활용해 보세요!

| 정답과 해설 39쪽 |

● MP3 파일을 잘 듣고, 다음 빈칸을 채워 대화를 완성해 보세요.

A에는 B의 대답에 어울리는 질문이, B에는 A의 질문에 어울리는 대답이 들어갈 거예요. A와 B가 어떠한 대화를 나누게 될까요?

01 A: How's the weather in Jeju? 　　제주의 날씨는 어때요?

　　B: It's sunny and warm. 　　(날씨가) 화창하고 따뜻해요.

02 A: Can I have five roses? 　　장미 다섯 송이를 가져갈 수 있을까요?

　　B:

03 A:

　　B: No, you can't. You can only look. 　　아니요, 그러실 수 없어요. 보시는 것만 가능해요.

04 A: What's up? 　　무슨 일이니?

　　B:

05 A:

　　B: She's four years old. 　　그녀는 네 살이야.

● 주어진 우리말 의미에 맞게 영어로 말해 보세요.

STEP1 우리말을 읽고 영어로 말해 봐요. 말한 뒤에는 네모 박스에 체크해요.

STEP2 주어진 단어들을 알맞게 배열하여 문장을 완성해요.

01 이 장미꽃들은 아름다워요. [roses, beautiful, are, these]

STEP1 ☐

STEP2 _____

02 그 자전거는 얼마예요? [is, bike, much, the, how]

STEP1 ☐

STEP2 _____

03 지금 눈이 내리고 있어요. [snowing, now, it's]

STEP1 ☐

STEP2 _____

04 나는 학교 축구팀에 들어갔어요. [got, I, soccer, team, on, the, school]

STEP1 ☐

STEP2 _____

05 그 책을 제때(늦지 않게) 반납해 주세요. [the, book, please, time, return, on]

STEP1 ☐

STEP2 _____

06 네 취미는 무엇이니? [your, what, hobby, is]

STEP1 ☐

STEP2 _____

07 너의 고양이는 몇 살이니? [old, is, your, how, cat]

STEP1 ☐

STEP2 _____

Listen & Speak Up 10

WARM UP

새로운 어휘들을 미리 공부해 볼까요?
아래의 각 단계를 따라가며 어휘의 소리와 의미를 차근차근 익혀 봐요!

| 정답과 해설 40쪽 |

	따라 말한 후 네모 박스에 체크!	STEP 1 듣고 따라 말하기	STEP 2 들으며 따라 쓰기	STEP 3 들으며 의미 쓰기
01	☐	vet	vet	
02	☐	butterfly	butterfly	
03	☐	mouth	mouth	
04	☐	coin	coin	
05	☐	pocket	pocket	
06	☐	ticket	ticket	
07	☐	subject	subject	
08	☐	cough	cough	
09	☐	coach	coach	
10	☐	weekend	weekend	

Listen & Speak Up 10

● MP3 파일을 잘 듣고, 물음에 답하세요.

01
▶ 241033-0136

다음을 듣고, 첫소리가 나머지와 <u>다른</u> 것을 고르시오.

① ② ③ ④

02
▶ 241033-0137

다음을 듣고, 들려주는 단어의 첫소리와 <u>다른</u> 소리로 시작하는 것을 고르시오.

①
②
③
④

03
▶ 241033-0138

다음을 듣고, 빈칸에 들어갈 알맞은 알파벳을 고르시오.

$$\square\text{et}$$

① b ② g ③ v ④ w

04
▶ 241033-0139

다음을 듣고, 그림과 일치하는 단어를 고르시오.

① ② ③ ④

05

241033-0140

다음을 듣고, 신체 부위에 속하는 단어가 <u>아닌</u> 것을 고르시오.

①   ②   ③   ④

07

241033-0142

다음을 듣고, 남자아이가 가지고 있는 것을 가장 잘 나타낸 그림을 고르시오.

①    ②

③    ④

06

241033-0141

다음을 듣고, 물감 팔레트에서 찾을 수 있는 색을 고르시오.

①   ②   ③   ④

08

241033-0143

대화를 듣고, 여자아이가 사려고 하는 것과 그 개수가 바르게 짝지어진 것을 고르시오.

	표	개수		표	개수
①	기차표	2	②	음악회 표	2
③	기차표	3	④	음악회 표	3

09　▶ 241033-0144

다음을 듣고, 자연스럽지 <u>않은</u> 대화를 고르시오.

① 　　② 　　③ 　　④

10　▶ 241033-0145

대화를 듣고, 지금의 날씨를 가장 잘 나타낸 그림을 고르시오.

①
②
③
④

11　▶ 241033-0146

대화를 듣고, 두 사람이 대화를 나누는 장소를 고르시오.

① 공원　　　　② 병원
③ 체육관　　　④ 동물원

12　▶ 241033-0147

대화를 듣고, 두 사람이 누구에 대해 이야기하고 있는지 고르시오.

① 전학생　　　② 버스 기사
③ 야구 코치　　④ 보건 선생님

13

241033-0148

다음을 듣고, 그림의 상황에서 남자아이가 여자아이에게 할 말로 알맞은 것을 고르시오.

①   ②   ③   ④

14

241033-0149

다음을 듣고, 질문에 이어질 응답으로 알맞은 것을 고르시오.

① I'm hungry.
② I watch movies.
③ I don't have a pet.
④ I like pink. It's pretty.

15

241033-0150

대화를 듣고, 마지막 질문에 이어질 응답으로 알맞은 것을 고르시오.

① It can run fast.
② Its name is Max.
③ It's very friendly.
④ It's a small cat with blue eyes.

● 우리말의 의미를 잘 생각한 후, 영어 문장을 완성해 볼까요?

STEP 1 우리말을 읽고 영어 문장을 완성해요.　　　STEP 2 듣고 나의 답을 확인해요.　　　STEP 3 여러 번 듣고 큰 소리로 따라 말해요.

A　빈칸을 채워 영어 문장을 완성하세요.

01　나는 주머니 안에 몇 개의 동전을 가지고 있어.

STEP 1　I have some c_____s in my p_____.

STEP 2　☐ CORRECT　　　☐ TRY AGAIN

STEP 3　☐ ONCE　　　☐ TWICE　　　☐ THREE TIMES

02　나는 음악회가 정말 기대돼!

STEP 1　I can't w_____ for the c_____!

STEP 2　☐ CORRECT　　　☐ TRY AGAIN

STEP 3　☐ ONCE　　　☐ TWICE　　　☐ THREE TIMES

B　주어진 단어들을 알맞게 배열하여 영어 문장을 완성하세요.

01　너는 어떻게 학교에 가니?

STEP 1　[school, how, to, you, do, go]　➡　_____

STEP 2　☐ CORRECT　　　☐ TRY AGAIN

STEP 3　☐ ONCE　　　☐ TWICE　　　☐ THREE TIMES

02　너의 따뜻한 외투를 입어라.

STEP 1　[warm, coat, your, put on]　➡　_____

STEP 2　☐ CORRECT　　　☐ TRY AGAIN

STEP 3　☐ ONCE　　　☐ TWICE　　　☐ THREE TIMES

03　나는 기침을 해요.

STEP 1　[cough, have, I, a]　➡　_____

STEP 2　☐ CORRECT　　　☐ TRY AGAIN

STEP 3　☐ ONCE　　　☐ TWICE　　　☐ THREE TIMES

JUMP UP

| 정답과 해설 40쪽 |

● 아래 각 단계를 완료하고, 네모 박스에 체크하세요.

STEP1 MP3 파일을 잘 듣고, 빈칸에 알맞은 단어를 써요.

STEP2 한 번 더 듣고, 나의 답을 확인해요. 원어민의 목소리에 맞춰 크게 말해 봐요.

STEP3 내 목소리를 녹음해서 원어민의 목소리와 비교해 봐요.

01 STEP1☐ W: ① _____   STEP2☐   STEP3☐

② _____

③ _____

④ _____

02 STEP1☐ W: _____   STEP2☐   STEP3☐

① _____

② _____

③ _____

④ _____

03 STEP1☐ W: _____   STEP2☐   STEP3☐

04 STEP1☐ W: ① _____   STEP2☐   STEP3☐

② _____

③ _____

④ _____

05 STEP1☐ W: ① _____   STEP2☐   STEP3☐

② _____

③ _____

④ _____

06 STEP1☐ W: ① _____

② _____

③ _____

④ _____

STEP2☐   STEP3☐

07 STEP1☐ B: I have some _____s in my _____.

STEP2☐   STEP3☐

08 STEP1☐ G: I can't wait for the _____!

M: Yes, it will be _____. How many tickets

do you want?

G: Two tickets, please.

M: Here are two tickets for you. _____ the

concert!

STEP2☐   STEP3☐

09 STEP1☐ ① G: Do you _____ English?

B: Yes, I do.

② G: How do you go to school?

B: I _____ to school.

③ G: What's your favorite _____?

B: I really like art class.

④ G: Where do you play basketball?

B: I play with my friends.

STEP2☐   STEP3☐

10 STEP1☐ B: Mom, how's the weather now?

W: It's very cold _____.

B: Oh, really?

W: Yes. So put on your _____ _____.

STEP2☐   STEP3☐

'엄마'를 나타내는 mom을 mommy라고도
하죠? 영국에서는 주로 mum으로 써요. 발음
도 살짝 다르답니다.

11 STEP1 ☐ M: What's wrong?　　　　　　　STEP2 ☐　　STEP3 ☐

　　　　　　G: I have a _____ .

　　　　　　M: I see. Let me _____ . Say "Aah."

　　　　　　G: Aah.

　　　　　　M: You have a cold. Drink warm water.

12 STEP1 ☐ B: Look at that man.　　　　　　STEP2 ☐　　STEP3 ☐

　　　　　　G: _____ is he?

　　　　　　B: He's the new baseball _____ .

　　　　　　G: Oh, is he _____ ?

　　　　　　B: Yes, he is.

13 STEP1 ☐ W: ① Don't make any noise.　　　STEP2 ☐　　STEP3 ☐

　　　　　　　　② Do you have a _____ car?

　　　　　　　　③ Watch _____ ! A car is coming.

　　　　　　　　④ Please go to the _____ this afternoon.

14 STEP1 ☐ M: _____ do you do on the _____ ?　　STEP2 ☐　　STEP3 ☐

15 STEP1 ☐ G: Jack, do you _____ cats?　　STEP2 ☐　　STEP3 ☐

　　　　　　B: Yes. I have a cat at _____ .

　　　　　　G: Cool! What does it _____ like?

동물의 이름을 물을 때 성별을 알고 있는 경우에는 What's his name? 또는 What's her name?으로 물을 수 있어요.

● 앞에서 만났던 중요 표현에 대해 자세히 알아볼까요?

01 I can't wait for the concert.

'I can't wait for ~'는 다가오는 어떤 일에 대한 큰 기대를 표현할 때 사용하는 말이에요. 위 표현을 단어 그대로 생각해 보면 '그 콘서트를 기다릴 수 없어.'이지만 사실 이 표현은, 기다릴 수가 없을 정도로 그만큼 너무 기대가 된다는 뜻이랍니다. 여러분도 무언가를 정말 기대하면서 기다린 적 있나요? 만약 나의 생일 파티가 빨리 오기를 바라면서 정말 기대하는 마음으로 표현한다면 I can't wait for my birthday party.라고 말할 수 있답니다.

다양한 표현으로 연습해 볼까요?

- I can't wait for it! 나는 그것이 너무 기대돼!
- I can't wait for the picnic! 나는 소풍이 너무 기대돼!
- I can't wait for the summer vacation! 나는 여름 방학이 너무 기대돼!
- I can't wait for the pajama party! 나는 파자마 파티가 너무 기대돼!

 위 표현은 많이 기대하고 있을 때 쓰는 표현이기 때문에 정말 기대하는 마음으로 감정을 넣어서 연습해 보면 좋겠어요!

02 Put on your warm coat.

추운 날에는 따뜻한 코트와 부츠, 또 장갑을 착용하기도 하죠? put은 본래 '특정한 장소, 위치에 무언가를 놓다, 두다'라는 의미를 가지고 있어요. 그런데 on과 함께 쓰여서 put on이라고 표현하면, '착용하다, 입다'의 의미로 사용된답니다.

다양한 표현들로 활용해 볼까요?

- Put on your cap. 모자를 착용해.
- Put on your gloves. 장갑을 끼렴.
- Put on your coat! It's cold outside. 코트를 입어! 밖은 추워.
- I'll put on my new boots. 새로운 부츠를 신어야겠어.

 '너의 따뜻한 코트를 입어.'라고 말할 때, 위의 문장처럼 Put on your warm coat.라고 하는 것뿐 아니라, Put your warm coat on.이라고 말하기도 한답니다! 둘 다 자주 사용되는 표현이니 꼭 기억하세요!

● MP3 파일을 잘 듣고, 다음 빈칸을 채워 대화를 완성해 보세요.

A에는 B의 대답에 어울리는 질문이, B에는 A의 질문에 어울리는 대답이 들어갈 거예요. A와 B가 어떠한 대화를 나누게 될까요?

01 A: What's wrong?　　　　　　　무엇이 불편하세요?

　　B: I have a fever.　　　　　　　나는 열이 나요.

02 A: How do you go to school?　　　너는 학교에 어떻게 가니?

　　B: _____　　　　　_____

03 A: _____　　　　　_____

　　B: Yes, it will be fantastic.　　　그래, 그것은 환상적일 거야.

04 A: Is it cold outside?　　　　　　바깥은 춥니?

　　B: _____　　　　　_____

05 A: _____　　　　　_____

　　B: It's a small cat with blue eyes.　그것은 파란 눈을 가진 작은 고양이예요.

SPEAK UP

| 정답과 해설 43쪽 |

● **주어진 우리말 의미에 맞게 영어로 말해 보세요.**

STEP1 우리말을 읽고 영어로 말해 봐요. 말한 뒤에는 네모 박스에 체크해요.

STEP2 주어진 단어들을 알맞게 배열하여 문장을 완성해요.

01 나는 그 영화가 정말 기대돼요. [the, movie, wait, I, for, can't]

STEP1 ☐

STEP2 _____

02 나는 미술 수업이 정말 좋아요. [like, art class, really, I]

STEP1 ☐

STEP2 _____

03 밖은 매우 추워요. [outside, cold, very, it's]

STEP1 ☐

STEP2 _____

04 너는 감기에 걸렸어. [cold, you, a, have]

STEP1 ☐

STEP2 _____

05 시끄럽게 하지 마세요. [any noise, don't, make]

STEP1 ☐

STEP2 _____

06 너는 주말에 무엇을 하니? [the, weekend, do, what, do, on, you]

STEP1 ☐

STEP2 _____

07 그녀는 어떻게 생겼나요? [like, she, does, what, look]

STEP1 ☐

STEP2 _____

초등

영어듣기평가
완벽대비
Listen & Speak Up

3-1

정답과 해설

Listen & Speak Up 1

WARM UP

01 선풍기, 부채	02 파란색	03 갈색	04 지우개	05 연필
06 우산	07 자	08 닫다	09 창문	10 바람이 부는

LISTEN UP   JUMP UP

LISTEN UP   듣기평가 모의고사 1

01 ②	02 ①	03 ②	04 ①	05 ④	06 ②	07 ①	08 ②	09 ②	10 ①
11 ④	12 ③	13 ④	14 ④	15 ④					

LISTEN UP   문장 완성하기

A 01 notebooks　　　　　02 Close, window

B 01 I like apples.　　　02 I'm ten years old.

  03 What day is it today?

정답	JUMP UP 받아쓰기(스크립트)	해석
01 ②	W: Dd 또는 D, d	
02 ①	W: ① robot ② bike ③ bed ④ bear	여자: ① 로봇 ② 자전거 ③ 침대 ④ 곰
03 ②	W: fan	여자: 선풍기, 부채
04 ① 그림의 파란색을 나타내는 단어는 ① 'blue'입니다.	W: ① blue ② brown ③ red ④ yellow	여자: ① 파란색 ② 갈색 ③ 빨간색 ④ 노란색

정답	JUMP UP 받아쓰기(스크립트)	해석

05 ④

④ 'umbrella'는 학용품에 속하지 않습니다.

W: ① eraser
　② pencil
　③ ruler
　④ umbrella

여자: ① 지우개
　　② 연필
　　③ 자
　　④ 우산

06 ②

그림의 지도에서 볼 수 있는 서울의 날씨는 ② 'sunny'입니다.

W: ① cloudy
　② sunny
　③ rainy
　④ windy

여자: ① 흐린
　　② 화창한
　　③ 비가 내리는
　　④ 바람이 부는

07 ①

여자아이는 바나나를 좋아하지 않고, 사과를 좋아한다고 이야기했으므로 정답은 ① 입니다.

중요 어휘
· like 좋아하다
· banana 바나나
· apple 사과

G: I don't like bananas.
　I like apples.

소녀: 나는 바나나를 좋아하지 않아요.
　　나는 사과를 좋아해요.

08 ②

여자아이는 공책 세 권이 필요하다고 하였으므로 정답은 ② '공책 – 3'입니다.

중요 어휘
· need 필요하다
· how many 얼마나 많은
· notebook 공책

G: I need some notebooks.
M: How many notebooks do you need?
G: I need three notebooks.

소녀: 공책 몇 권이 필요해요.
남자: 몇 권의 공책이 필요한가요?
소녀: 저는 세 권의 공책이 필요해요.

09 ②

'너는 영화를 좋아하니?'라는 물음에, '나는 밤에 텔레비전을 봐.'라고 대답하는 것은 어색하므로 정답은 ②입니다.

중요 어휘
· movie 영화
· TV (= television) 텔레비전

① G: What's this?
　B: It's a ball.
② G: Do you like movies?
　B: I watch TV at night.
③ G: Can you skate?
　B: Yes, I can.
④ G: What's your name?
　B: I'm Minsu.

① 소녀: 이것은 무엇이니?
　소년: 공이야.
② 소녀: 너는 영화를 좋아하니?
　소년: 나는 밤에 텔레비전을 봐.
③ 소녀: 너는 스케이트를 탈 수 있니?
　소년: 응, 탈 수 있어.
④ 소녀: 너의 이름은 무엇이니?
　소년: 나는 민수야.

정답	JUMP UP 받아쓰기(스크립트)	해석

10 ①

'창문을 닫아 주렴.'이라고 했으므로, 정답은 ①입니다.

중요 어휘
· outside 밖에
· close 닫다
· window 창문

W: Jiho! It's windy outside.
　 Close the window, please.
B: Yes, Mom.

여자: 지호야! 밖에 바람이 부네.
　　 창문을 닫아 주렴.
소년: 네, 엄마.

11 ④

키우는 고양이를 소개하고, 고양이의 성별을 묻고 답하는 대화를 나누고 있습니다. 그러므로 대화의 주제는 ④ '반려동물'입니다.

중요 어휘
· cat 고양이
· cute 귀여운

G: Is this your cat?
B: Yes, this is my cat, Milk.
G: So cute ! Is it a boy?
B: No, Milk is a girl.

소녀: 이것은 너의 고양이니?
소년: 응, 이것은 나의 고양이, Milk야.
소녀: 매우 귀엽다! 그것은 남자 고양이니?
소년: 아니야, Milk는 여자 고양이야.

12 ③

남자아이가 엄마에게 요일을 묻고, 엄마가 ③ '수요일'이라고 대답하고 있습니다.

중요 어휘
· Wednesday 수요일
· lesson 수업

B: What day is it today, Mom?
W: It's Wednesday.
B: Oh! I have a piano lesson today.

소년: 엄마, 오늘은 무슨 요일이에요?
여자: 수요일이야.
소년: 오! 저는 오늘 피아노 수업이 있어요.

13 ④

버스 안에서 음식을 먹으면 안 된다는 것을 나타내는 표지판이 있으므로 ④ 'Don't eat.'이라는 말이 알맞습니다.

중요 어휘
· Don't(= Do not) ~
　 ~하지 마시오
· eat 먹다

W: ① Don't enter.
　 ② Don't swim.
　 ③ Don't run.
　 ④ Don't eat.

여자: ① 들어가지 마.
　　 ② 수영하지 마.
　　 ③ 뛰지 마.
　　 ④ 먹지 마.

14 ④

몇 살인지 나이를 물었으므로, ④ 'I'm ten years old.'라는 응답이 알맞습니다.

중요 어휘
· old 나이가 ~인
· ten 10, 열
· year 년, 해

B: How old are you?

소년: 너는 몇 살이니?
① 나는 미나야.
② 나는 행복해.
③ 나는 축구를 좋아해.
④ 나는 열 살이야.

정답	JUMP UP 받아쓰기(스크립트)	해석
15 ④ 컵을 몇 개 가지고 있는지 물었으므로, ④ 'I have two cups.'라는 응답이 알맞습니다. **중요 어휘** ・have 가지고 있다 ・cup 컵	B: Do you have any <u>cups</u>? G: <u>Yes</u>, I do. B: How <u>many</u> cups do you have?	소년: 너는 컵을 가지고 있니? 소녀: 응, 가지고 있어. 소년: 몇 개의 컵을 가지고 있니? ① 나는 그것을 좋아하지 않아. ② 그것들은 작아. ③ 그것들은 흰색이야. ④ 나는 컵 두 개를 가지고 있어.

 **FLY UP**

본문 19쪽

01 A: What's this? / 이것은 무엇인가요?

02 B: It's Wednesday. / (오늘은) 수요일이에요.

03 A: Can you close the window? / 창문을 닫아 줄 수 있겠니?

04 B: I have two cups. / 나는 컵 두 개를 가지고 있어.

05 A: How old are you? / 너는 몇 살이니?

 **SPEAK UP**

본문 20쪽

01 It is sunny.

02 I like bananas.

03 What day is it today?

04 Is this your cat?

05 I don't like bananas.

06 I need some notebooks.

07 I have a piano lesson today.

Listen & Speak Up 2

01 책상	02 당근	03 토끼	04 집	05 모자
06 숟가락	07 빠르게	08 월요일	09 삼촌	10 신나는

LISTEN UP   JUMP UP

LISTEN UP   듣기평가 모의고사 2
본문 22~25쪽

01 ①	02 ③	03 ①	04 ①	05 ③	06 ④	07 ④	08 ②	09 ④	10 ①
11 ④	12 ①	13 ③	14 ①	15 ④					

LISTEN UP   문장 완성하기
본문 26쪽

A 01 scissors   02 Here, are

B 01 Where is my bag?   02 Can you swim fast?

   03 What time is it now?

정답	JUMP UP 받아쓰기(스크립트)	해석
01 ①	W: Gg 또는 G, g	
02 ③	W: ① dad ② dog ③ tiger ④ desk	여자: ① 아빠 ② 개 ③ 호랑이 ④ 책상
03 ①	W: bike	여자: 자전거
04 ① 그림의 당근을 나타내는 단어는 ① 'carrot'입니다.	W: ① carrot ② tomato ③ onion ④ potato	여자: ① 당근 ② 토마토 ③ 양파 ④ 감자

정답	JUMP UP 받아쓰기(스크립트)	해석

05 ③

③ 'house'는 동물에 속하지 않습니다.

W: ① rabbit
② elephant
③ house
④ mouse

여자: ① 토끼
② 코끼리
③ 집
④ 생쥐

06 ④

그림의 가방에서 찾을 수 있는 것은 ④ 'baseball'입니다.

W: ① spoon
② hat
③ fan
④ baseball

여자: ① 숟가락
② 모자
③ 선풍기, 부채
④ 야구공

07 ④

여자아이는 고체형 풀을 가지고 있지 않고, 가위를 가지고 있다고 말했으므로 정답은 ④입니다.

중요 어휘
• glue stick 고체형 풀
• scissors 가위

G: I don't have a glue stick. I have scissors.

소녀: 나는 고체형 풀을 가지고 있지 않아. 나는 가위를 가지고 있어.

08 ②

몇 개의 사과를 원하냐는 남자의 질문에 미나가 세 개라고 하였으므로 정답은 ② '사과 – 3'입니다.

중요 어휘
• apple 사과
• want 원하다

M: Hello, Mina. How many apples do you want?
G: Three, please.
M: Here you are.

남자: 미나야, 안녕. 몇 개의 사과를 원하니?
소녀: 세 개 주세요.
남자: 여기 있어.

09 ④

'지금 몇 시니?'라는 물음에 '오늘은 월요일이야.'라고 대답하는 것은 어색하므로 정답은 ④입니다.

중요 어휘
• sofa 소파
• run 달리다
• fast 빠르게

① B: Where is my hat?
G: It's on the sofa.
② B: Do you like dogs?
G: Yes, I do.
③ B: Can you run fast?
G: No, I can't.
④ B: What time is it now?
G: It's Monday today.

① 소년: 내 모자가 어디에 있지?
소녀: 그것은 소파 위에 있어.
② 소년: 너는 개를 좋아하니?
소녀: 응, 좋아해.
③ 소년: 너는 빠르게 달릴 수 있니?
소녀: 아니, 못해.
④ 소년: 지금 몇 시니?
소녀: 오늘은 월요일이야.

10 ①

'해가 빛나고 있네.'라고 했으므로, 정답은 ①입니다.

중요 어휘
• beautiful 아름다운

B: Look! It's a beautiful day.
G: Yes, the sun is shining.
B: How about roller-skating?
G: Great idea! The weather is perfect.

소년: 봐! 아름다운 날이야.
소녀: 응, 해가 빛나고 있네.
소년: 롤러스케이트를 타는 건 어때?
소녀: 훌륭한 생각이야! 날씨가 완벽해.

정답	JUMP UP 받아쓰기(스크립트)	해석

- sun 태양, 해
- shine 빛나다
- roller-skate
  롤러스케이트를 타다
- weather 날씨
- perfect 완벽한

11 ④
남자아이는 공룡에 관한 책을 찾고 있고 여자는 책의 위치를 알려 주고 있습니다. 그러므로 두 사람이 대화를 나누는 장소는 ④ '도서관'이라는 것을 알 수 있습니다.

중요 어휘
- look for ~을 찾다
- dinosaur 공룡
- follow 따라가다, 따라오다
- a lot of 많은

W: What are you looking for?
B: I want a book about dinosaurs.
W: Follow me. We have a lot of dinosaur books.
B: Wow. Thank you very much.

여자: 무엇을 찾고 있나요?
소년: 공룡에 관한 책을 원해요.
여자: 저를 따라오세요. 많은 공룡 책들이 있어요.
소년: 우와. 정말 감사합니다.

12 ①
여자아이가 남자아이의 삼촌이 하시는 일에 관해 묻고 남자아이는 '소방관'이라고 답하고 있습니다. 그러므로 정답은 ① '직업'입니다.

중요 어휘
- Guess what? 있잖아.
- uncle 삼촌
- fire 불, 화재
- put out (불을) 끄다
- really 정말
- cool 멋진, 근사한

B: Guess what? My uncle is coming today.
G: Oh, that's exciting. What does he do?
B: He's a fire fighter. He puts out fires.
G: That's really cool.

소년: 있잖아. 나의 삼촌이 오늘 오실 거야.
소녀: 오, 그거 신나겠다. 그는 무슨 일을 하시니?
소년: 그는 소방관이셔. 그는 불을 꺼.
소녀: 그거 정말 멋지다.

13 ③
여자아이가 사진을 찍으려고 하고 있고, 미술관 벽에 사진 촬영 금지의 표지판이 있으므로 정답은 ③ 'Don't take photos.'입니다.

중요 어휘
- sit down 앉다
- photo 사진
- drink 마시다

W: ① Don't run.
② Don't sit down.
③ Don't take photos.
④ Don't eat or drink here.

여자: ① 뛰지 마세요.
② 앉지 마세요.
③ 사진을 찍지 마세요.
④ 이곳에서 먹거나 마시지 마세요.

정답	JUMP UP 받아쓰기(스크립트)	해석
14 ① 오늘 어떤지 안부를 물었으므로, ① 'I'm great.'이라는 응답이 알맞습니다. **중요 어휘** • how 어떤, 어떠한 (상태로)	B: <u>How</u> are you <u>today</u>?	소년: 너는 오늘 어떠니? ① 나는 매우 좋아. ② 나는 개를 아주 좋아해. ③ 아니, 그렇지 않아. ④ 그거 좋아.
15 ④ 어디로 가고 있는지 물었으므로, ④ 'I'm going to the park for a walk.'라는 응답이 알맞습니다. **중요 어휘** • home 집으로 • where 어디로, 어디에 • park 공원 • for a walk 산책하러	B: Hello, Jina. Are you going <u>home</u>? G: No, I'm not. B: <u>Where</u> are you <u>going</u>?	소년: 안녕, 지나야. 너는 집에 가는 길이니? 소녀: 아니, 그렇지 않아. 소년: 너는 어디로 가고 있니? ① 나에게는 남자 형제가 있어. ② 그녀의 이름은 미소야. ③ 그녀도 역시 토마토를 좋아해. ④ 나는 산책하러 공원에 가고 있어.

 **FLY UP**

본문 31쪽

01 A: Can you run fast? / 너는 빠르게 뛸 수 있니?

02 B: Three, please. / 세 개 (주세)요.

03 A: How about roller-skating? / 롤러스케이트를 타는 건 어때?

04 B: He's a fire fighter. / 그는 소방관이야.

05 A: Where are you going? / 너는 어디로 가고 있니?

 **SPEAK UP**

본문 32쪽

01 Where is my hat?

02 It's a beautiful day.

03 What are you looking for?

04 He puts out fires.

05 Don't take photos.

06 How are you today?

07 Where are you going?

Listen & Speak Up 3

WARM UP

01 봄	02 여름	03 가을	04 수영장	05 (양이) 많은
06 배낭	07 초록의; 초록색	08 ~하자	09 주문하다	10 돕다

LISTEN UP | JUMP UP

LISTEN UP 듣기평가 모의고사 3

01 ①	02 ④	03 ②	04 ②	05 ④	06 ④	07 ④	08 ④	09 ③	10 ①
11 ③	12 ④	13 ④	14 ④	15 ②					

LISTEN UP 문장 완성하기

A 01 much
02 welcome

B 01 Is this your bike?
02 I want some orange juice.
03 Where is the cap?

정답	JUMP UP 받아쓰기(스크립트)	해석
01 ①	W: Cc 또는 C, c	
02 ④	W: ① monkey ② mouse ③ melon ④ nose	여자: ① 원숭이 ② 생쥐 ③ 멜론 ④ 코
03 ②	W: game	여자: 게임
04 ② 그림의 아침을 나타내는 단어는 ② 'morning'입니다.	W: ① bike ② morning ③ birthday ④ sport	여자: ① 자전거 ② 아침 ③ 생일 ④ 운동

정답	JUMP UP 받아쓰기(스크립트)	해석

05 ④

④ 'weather'은 계절에 속하지 않습니다.

W: ① fall
② spring
③ summer
④ weather

여자: ① 가을
② 봄
③ 여름
④ 날씨

06 ④

그림에서 찾을 수 없는 것은 ④ 'oranges'입니다.

W: ① apples
② bananas
③ grapes
④ oranges

여자: ① 사과
② 바나나
③ 포도
④ 오렌지

07 ④

남자아이는 매일 수영장에 가고, 수영을 좋아한다고 이야기했으므로 정답은 ④입니다.

중요 어휘
· (swimming) pool 수영장
· every day 매일

B: I go to the swimming pool every day. I like swimming.

소년: 나는 매일 수영장에 가.
나는 수영하는 것을 좋아해.

08 ④

남자아이는 햄버거 1개를 달라고 하였고 가격은 5달러이므로 정답은 ④ '햄버거 – $5'입니다.

중요 어휘
· how much
(양·값이) 얼마, 어느 정도
· dollar 달러

W: Hello. Can I help you?
B: One hamburger, please. How much is it?
W: It's five dollars.

여자: 안녕하세요. 무엇을 드릴까요?
소년: 햄버거 하나 주세요. 얼마예요?
여자: 5달러입니다.

09 ③

'무슨 요일이니?'라는 물음에, '나는 빨간색을 좋아해.'라고 대답하는 것은 어색하므로 정답은 ③입니다.

중요 어휘
· bike 자전거
· red 빨간색

① G: Is this your bike?
B: Yes, it is.
② G: How are you today?
B: I'm good.
③ G: What day is it?
B: I like red.
④ G: Thank you.
B: You're welcome.

① 소녀: 이것이 너의 자전거니?
소년: 응, 맞아.
② 소녀: 오늘 기분 어때?
소년: 나는 좋아.
③ 소녀: 무슨 요일이니?
소년: 나는 빨간색을 좋아해.
④ 소녀: 고마워.
소년: 천만에.

10 ①

남자아이가 매우 큰 배낭을 가지고 있는데 색은 초록색이라고 했으므로 정답은 ①입니다.

B: I have a very big backpack.
G: Wow. What color is it?
B: It's green.

소년: 나는 매우 큰 배낭을 가지고 있어.
소녀: 우와. 그것은 무슨 색이야?
소년: 초록색이야.

정답	JUMP UP 받아쓰기(스크립트)	해석

중요 어휘
· big 크기가 큰
· backpack 배낭
· green 초록색

11 ③
음식을 주문하는 상황입니다. 그러므로 두 사람이 대화를 나누는 장소는 ③ '식당' 입니다.

중요 어휘
· order 주문하다
· anything else
  그밖에 다른 것

W: What would you like to order?
B: Tomato spaghetti, please.
W: Okay. Would you like anything else?
B: I want some orange juice.

여자: 무엇을 주문하시겠어요?
소년: 토마토 스파게티요.
여자: 네. 다른 것 더 필요한 것은 없으신가요?
소년: 오렌지 주스를 원해요.

12 ④
남자아이가 점심으로 샌드위치를 먹고 싶다고 말했고, 엄마가 함께 만들자고 했으므로 정답은 ④ '샌드위치 만들기'입니다.

중요 어휘
· hungry 배고픈
· make 만들다
· lunch 점심
· sandwich 샌드위치

B: I'm hungry, Mom.
W: How about making lunch together?
B: Good! I want sandwiches.
W: Let's start making sandwiches then.

소년: 엄마, 배가 고파요.
여자: 점심을 함께 만드는 건 어떠니?
소년: 좋아요! 저는 샌드위치를 먹고 싶어요.
여자: 그럼 샌드위치 만들기를 시작하자.

13 ④
여자아이가 무거운 짐을 들고 있으므로, 남자아이에게 ④ 'Can you help me?'라고 묻는 것이 알맞습니다.

중요 어휘
· sing 노래하다
· jump 점프하다. 높이 뛰다
· swim 수영하다
· help 도와주다

W: ① Can you sing?
  ② Can you jump?
  ③ Can you swim?
  ④ Can you help me?

여자: ① 너는 노래할 수 있니?
  ② 너는 점프할 수 있니?
  ③ 너는 수영할 수 있니?
  ④ 너는 나를 도와줄 수 있니?

14 ④
모자가 어디에 있는지 물었으므로 ④ 'It's on the table.' 이라는 응답이 알맞습니다.

중요 어휘
· where 어디에
· cap 모자

B: Where is the cap?

소년: 모자는 어디에 있니?
① 그것은 커.
② 그것은 검정색이야.
③ 바람이 불어.
④ 그것은 탁자 위에 있어.

정답	JUMP UP 받아쓰기(스크립트)	해석

15 ②

장갑을 가지고 있는지 물었으므로 ② 'No, I don't.'라는 응답이 알맞습니다.

중요 어휘
- snow 눈이 내리다
- snowman 눈사람
- gloves 장갑

G: Look! It's snowing!
B: Wow! Let's <u>make</u> a snowman!
G: Sounds <u>fun</u>! Do you <u>have</u> gloves?

소녀: 봐! 눈이 내리고 있어!
소년: 와! 눈사람 만들자!
소녀: 재미있겠다! 너 장갑은 가지고 있어?
① 나는 키가 커.
② 아니, 그렇지 않아 (가지고 있지 않아).
③ 미안하지만, 나는 못하겠어.
④ 내일 보자.

FLY UP

본문 43쪽

01 A: How much is it? / 그것은 얼마예요?

02 B: Yes, I can. / 응, 나는 할 수 있어.

03 A: Is this your bike? / 이것이 너의 자전거니?

04 B: Sounds fun. / 재미있겠다.

05 A: Where is the cap? / 모자는 어디에 있니?

SPEAK UP

본문 44쪽

01 I am hungry.

02 I like swimming.

03 Do you have gloves?

04 I have a very big backpack.

05 I go to the swimming pool.

06 Can you help me?

07 How much is this flower?

Listen & Speak Up 4

WARM UP

01 병	02 무지개	03 토요일	04 마시다	05 작은
06 표지판	07 귀여운	08 먹이를 주다	09 친구	10 안에, 안으로

LISTEN UP | JUMP UP

LISTEN UP   듣기평가 모의고사 4

01 ③	02 ④	03 ②	04 ②	05 ③	06 ④	07 ④	08 ②	09 ③	10 ①
11 ①	12 ①	13 ③	14 ①	15 ④					

LISTEN UP   문장 완성하기

A 01 monkey   02 build

B 01 What is your favorite color?   02 Can we feed the cats?

　　03 Do you have an umbrella?

정답	JUMP UP 받아쓰기(스크립트)	해석
01 ③	W: ① sun ② sea ③ zoo ④ sand	여자: ① 해, 태양 ② 바다 ③ 동물원 ④ 모래
02 ④	W: bottle ① bed ② bag ③ baby ④ door	여자: 병 ① 침대 ② 가방 ③ 아기 ④ 문
03 ②	W: hen	여자: 암탉

정답	JUMP UP 받아쓰기(스크립트)	해석

04 ②

그림의 자전거를 나타내는 단어는 ② 'bicycle'입니다.

W: ① robot
② bicycle
③ rainbow
④ balloon

여자: ① 로봇
② 자전거
③ 무지개
④ 풍선

05 ③

③ 'today'는 요일에 속하지 않습니다.

W: ① Monday
② Friday
③ today
④ Saturday

여자: ① 월요일
② 금요일
③ 오늘
④ 토요일

06 ④

그림의 바구니 안에 들어 있는 과일은 ④ 'grapes'입니다.

W: ① oranges
② mangoes
③ apples
④ grapes

여자: ① 오렌지
② 망고
③ 사과
④ 포도

07 ④

여자아이가 가장 좋아하는 운동은 축구라고 말했으므로 정답은 ④입니다.

중요 어휘

· favorite 가장 좋아하는
· sport 스포츠, 운동
· soccer 축구

G: My favorite sport is soccer.

소녀: 내가 가장 좋아하는 운동은 축구야.

08 ②

여자아이는 치즈버거와 레모네이드 작은 사이즈를 원한다고 했으므로 정답은 ② '치즈버거 – 레모네이드'입니다.

중요 어휘

· welcome 환영하다
· get 구입하다
· cheeseburger 치즈버거
· lemonade 레모네이드

M: Welcome to Burger Land! May I help you?
G: Yes. Can I get a cheeseburger, please?
M: Sure. Anything to drink?
G: I'd like a small lemonade, please. Thank you!
M: You're welcome!

남자: Burger Land에 오신 것을 환영합니다! 제가 도와드릴까요?
소녀: 네. 치즈버거 한 개 주시겠어요?
남자: 물론이죠. 마실 것은요?
소녀: 레모네이드 작은 사이즈로 하고 싶어요. 감사합니다!
남자: 천만에요!

09 ③

'그 코끼리들은 몸집이 크니?'라는 물음에, '그들은 채소를 먹어.'라고 대답하는 것은 어색하므로 정답은 ③입니다.

① B: How's the weather today?
G: It's very windy.
② B: Let's build a sandcastle.
G: Great idea.

① 소년: 오늘 날씨가 어때?
소녀: 바람이 많이 불어.
② 소년: 모래성을 짓자.
소녀: 멋진 생각이야.

정답	JUMP UP 받아쓰기(스크립트)	해석

- build 짓다
- sandcastle 모래성
- vegetable 채소

③ B: Are the elephants big?
G: They eat vegetables.
④ B: What's your favorite <u>food</u>?
G: I love pizza.

③ 소년: 그 코끼리들은 몸집이 크니?
소녀: 그들은 채소를 먹어.
④ 소년: 네가 가장 좋아하는 음식은 무엇이니?
소녀: 나는 피자를 아주 좋아해.

10 ①

'벽을 파란색으로 페인트칠하자.'라고 했으므로 정답은 ①입니다.

- paint 페인트칠하다
- room 방
- blue 파란색
- fresh 상쾌한

M: Jenny, let's <u>paint</u> your room.
G: Sounds great.
M: What's your favorite <u>color</u>?
G: I love blue. It's cool and fresh.
M: Great. Let's paint the walls <u>blue</u>.

남자: Jenny, 네 방을 페인트칠하자.
소녀: 좋아요.
남자: 네가 가장 좋아하는 색은 무엇이니?
소녀: 저는 파란색을 좋아해요. 그것은 시원하고 상쾌해요.
남자: 좋아. 벽을 파란색으로 페인트칠하자.

11 ①

원숭이를 보며 먹이를 줄 수 있는지 묻고 답하고, 사자를 보러 가자는 대화를 나누고 있습니다. 그러므로 두 사람이 대화를 나누는 장소는 ① '동물원'이라는 것을 알 수 있습니다.

- feed 먹이를 주다
- sign 표지판
- lion 사자

B: Look at the monkeys!
W: They're so <u>cute</u>.
B: Can we <u>feed</u> them?
W: Sorry, we can't. Look at the <u>sign</u>.
B: Okay. Let's go see the lions now.

소년: 저 원숭이들을 봐요!
여자: 정말 귀엽구나.
소년: 우리가 그들에게 먹이를 줄 수 있나요?
여자: 미안하지만 그럴 수 없어. 표지판을 보렴.
소년: 알겠어요. 이제 사자들을 보러 가요.

12 ①

여자아이의 친구인 Emily에 관해 질문과 답을 하고 있으므로 두 사람은 ① '여자아이의 친한 친구'에 대해 이야기하고 있다는 것을 알 수 있습니다.

- girl 여자아이
- best friend 가장 친한 친구

B: Who's that <u>girl</u>?
G: Oh, that's Emily. She's my <u>best</u> friend.
B: Does she speak Korean?
G: Yes, she does.

소년: 저 여자아이는 누구니?
소녀: 오, 그 애는 Emily야. 그녀는 나의 가장 친한 친구야.
소년: 그녀는 한국어를 말하니?
소녀: 응, 그녀는 한국어를 해.

정답	JUMP UP 받아쓰기(스크립트)	해석

13 ③

여자아이가 자신의 개를 데리고 가게 안으로 들어가는 것이 가능한지 가게 직원에게 묻는 상황이므로 ③ 'Can I bring my dog inside?'라는 말이 알맞습니다.

중요 어휘
· ready 준비된
· order 주문하다
· umbrella 우산
· bring 데려오다, 가져오다
· inside 안으로
· ticket 표

W: ① Are you ready to order?
② Do you have an umbrella?
③ Can I bring my dog inside?
④ How many tickets do you want?

여자: ① 주문하시겠어요? [주문하실 준비가 되셨나요?]
② 당신은 우산을 가지고 있나요?
③ 제 개를 안으로 데려가도 되나요?
④ 몇 장의 표를 원하세요?

14 ①

가장 좋아하는 계절은 무엇인지 물었으므로 ① 'I love winter.'라는 응답이 알맞습니다.

중요 어휘
· season 계절
· year 년, 해
· photo 사진
· flower 꽃
· garden 정원

B: What's your favorite season of the year?

소년: 네가 연중 가장 좋아하는 계절은 무엇이니?
① 나는 겨울을 아주 좋아해.
② 봐! 눈이 내리고 있어.
③ 좋아. 사진을 찍자.
④ 나는 정원에 있는 꽃을 좋아해.

15 ④

미술 과목을 좋아하는 남자아이에게 어떤 종류의 미술 활동을 좋아하는지 물었으므로, ④ 'I enjoy drawing and painting.'이라는 응답이 알맞습니다.

중요 어휘
· subject 과목
· enjoy 즐기다
· kind 종류
· drawing 그림 그리기
· painting 색칠하기

G: What subject do you like most?
B: I really enjoy art.
G: Cool! What kind of art activities do you like?

소녀: 너는 무슨 과목을 가장 좋아하니?
소년: 나는 미술을 정말 즐겨.
소녀: 멋지다! 어떤 종류의 미술 활동을 좋아해?
① 나는 피아노 치기를 좋아해.
② 나는 오렌지 주스 하나를 원해.
③ 나는 학교에서 역사를 공부해.
④ 나는 그림을 그리고 색칠하는 것을 즐겨.

01 A: Who's that boy? / 저 남자아이는 누구니?

02 B: A small cola, please. / 콜라 작은 사이즈로 주세요.

03 A: Let's make a snowman. / 눈사람을 만들자.

04 B: Sounds great. / 좋아.

05 A: What kind of music do you like? / 너는 어떤 종류의 음악을 좋아하니?

SPEAK UP 본문 56쪽

01 Are you ready to order?

02 Let's build a tree house.

03 What is your favorite animal?

04 We can't feed the birds.

05 Is he your best friend?

06 Can I bring my cat inside?

07 Does she speak Korean?

Listen & Speak Up 5

WARM UP

01 풀	02 호수	03 미술, 예술	04 수학	05 과학
06 치마	07 짧은; 키가 작은	08 빵	09 비행기 조종사	10 바쁜

LISTEN UP | JUMP UP

LISTEN UP 듣기평가 모의고사 5

01 ①	02 ③	03 ②	04 ②	05 ④	06 ④	07 ②	08 ④	09 ④	10 ③
11 ③	12 ②	13 ①	14 ②	15 ④					

LISTEN UP 문장 완성하기

A 01 bread

02 help

B 01 Is she in a yellow skirt?

02 I swim here every Saturday. (Every Saturday I swim here.)

03 She is my new teacher.

정답	JUMP UP 받아쓰기(스크립트)	해석
01 ①	W: ① piano ② table ③ tomato ④ toy	여자: ① 피아노 ② 탁자 ③ 토마토 ④ 장난감
02 ③	W: rain ① lake ② shoes ③ robot ④ flower	여자: 비 ① 호수 ② 신발 ③ 로봇 ④ 꽃
03 ②	W: sell	여자: 팔다

정답	JUMP UP 받아쓰기(스크립트)	해석

04 ②

그림의 가위를 나타내는 단어는 ② 'scissors'입니다.

W: ① glue
　② scissors
　③ pencil
　④ ruler

여자: ① 풀
　② 가위
　③ 연필
　④ 자

05 ④

④ 'yellow'는 나라 이름에 속하지 않습니다.

W: ① Canada
　② China
　③ Japan
　④ yellow

여자: ① 캐나다
　② 중국
　③ 일본
　④ 노란색

06 ④

오늘의 공부 계획표에서 볼 수 없는 과목은 ④ 'science'입니다.

W: ① art
　② English
　③ math
　④ science

여자: ① 미술
　② 영어
　③ 수학
　④ 과학

07 ②

여자아이는 배가 고픈 상태이며, 빵을 원한다고 했으므로 정답은 ②입니다.

중요 어휘

· hungry 배고픈
· some 약간의
· bread 빵

G: I am hungry. I want some bread.

소녀: 나는 배고파. 나는 빵을 좀 원해.

08 ④

대화에서 남자아이는 달걀 10개를 원한다고 하였으므로 정답은 ④ '달걀 – $10'입니다.

중요 어휘

· egg 달걀
· Here is ~ 여기 ~이 있다

W: Can I help you?
B: I want some eggs. How much is an egg?
W: It's one dollar.
B: I'll buy ten eggs then. Here's ten dollars.

여자: 도와드릴까요?
소년: 저는 달걀을 좀 원하는데요. 달걀 하나에 얼마인가요?
여자: 1달러예요.
소년: 그럼 달걀 10개 살게요. 10달러 여기 있어요.

09 ④

'미안해.'라는 말에, '천만에.'라고 대답하는 것은 어색하므로 정답은 ④입니다.

① G: How are you?
　B: I'm good.
② G: Nice to meet you.
　B: Nice to meet you, too.
③ G: What's your name?
　B: My name is Jinsu.
④ G: I'm sorry.
　B: You're welcome.

① 소녀: 기분이 어때?
　소년: 나는 좋아.
② 소녀: 만나서 반가워.
　소년: 나도 만나서 반가워.
③ 소녀: 네 이름은 뭐야?
　소년: 내 이름은 진수야.
④ 소녀: 미안해.
　소년: 천만에.

정답	JUMP UP 받아쓰기(스크립트)	해석

10 ③

남자아이는 여동생이 있으며, 그녀가 노란 치마에 짧은 머리를 하고 있다고 했으므로 정답은 ③입니다.

중요 어휘
· younger sister 여동생
· yellow 노란색
· short 짧은

W: Do you have any brothers or sisters?
B: Yes, I have a younger sister.
　　She is over there.
W: Is she in a yellow skirt?
B: Yeah, she also has short hair.

여자: 너는 남자 형제 또는 여자 형제가 있니?
소년: 네, 여동생이 한 명 있어요. 그녀는 저기 저쪽에 있어요.
여자: 그녀는 노란색 치마를 입고 있니?
소년: 네, 그리고 그녀는 짧은 머리를 하고 있어요.

11 ③

남자아이가 수영을 좋아해서 토요일마다 여기에서 수영을 한다고 했으므로 두 사람이 대화를 나누는 장소는 ③ '수영장'입니다.

중요 어휘
· swimming 수영
· here 여기에서, 이곳에서
· Saturday 토요일

W: Do you like swimming?
B: Yes, I do. I swim here every Saturday.
W: Oh, you really love swimming.

여자: 너는 수영을 좋아하니?
소년: 네, 좋아해요. 토요일마다 여기에서 수영해요.
여자: 오, 너는 정말로 수영을 좋아하는구나.

12 ②

여자아이는 자신의 ② '삼촌'에 대해 이야기하고 있습니다.

중요 어휘
· picture 사진
· uncle 삼촌
· pilot 비행기 조종사

B: Who is this in the picture?
G: That's my uncle.
B: What does he do?
G: He's a pilot.

소년: 사진 속의 이 사람은 누구야?
소녀: 나의 삼촌이야.
소년: 그는 무슨 일을 하시니?
소녀: 삼촌은 비행기 조종사야.

13 ①

남자아이가 여자아이의 그림에 실수로 물을 엎지른 상황이므로 ① 'I'm sorry.'라는 말이 알맞습니다.

중요 어휘
· busy 바쁜

W: ① I'm sorry.
　　② I'm fine.
　　③ I'm happy.
　　④ I'm busy.

여자: ① 미안해.
　　　② 나는 괜찮아.
　　　③ 나는 행복해.
　　　④ 나는 바빠.

14 ②

날씨가 어떤지 물었으므로 ② 'It's sunny.'라는 응답이 알맞습니다.

중요 어휘
· small 작은
· under ~ 아래에

G: How's the weather?

소녀: 날씨가 어떤가요?
① 그것은 작아요.
② 화창해요.
③ 그것은 1달러예요.
④ 그것은 상자 아래에 있어요.

정답	JUMP UP 받아쓰기(스크립트)	해석

15 ④

새로 오신 선생님의 성함(이름)을 물었으므로 ④ 'Her name is Mina Kim.'이라는 응답이 알맞습니다.

중요 어휘
· woman 여자
· teacher 선생님, 교사

B: Who is that <u>woman</u>?
G: That's my <u>new</u> teacher.
B: What's her <u>name</u>?

소년: 저 여자분은 누구시니?
소녀: 나의 새로운 선생님이셔.
소년: 그분의 이름은 뭐야?
① 그녀는 선생님이야.
② 그녀는 한국 출신이야.
③ 그녀는 마흔 살이야.
④ 그녀의 이름은 김미나야.

 **FLY UP**

본문 67쪽

01 A: How much is an egg? / 달걀 하나에 얼마예요?

02 B: Yes, I swim here every Saturday. / 응, 나는 토요일마다 여기에서 수영해.

03 A: How's the weather? / 날씨가 어떤가요?

04 B: He is my uncle. / 그는 나의 삼촌이에요.

05 A: What's her name? / 그녀의 이름은 무엇인가요?

 **SPEAK UP**

본문 68쪽

01 I want some bread.

02 Here is ten dollars.

03 What does he do?

04 You really love swimming.

05 She is over there.

06 I have a younger sister.

07 She has short hair.

Listen & Speak Up 6

WARM UP

01 기린	02 모양	03 추운, 차가운	04 샐러드	05 낚시
06 사다	07 문구류, 문방구	08 그림 붓	09 주황의; 주황색	10 취미

LISTEN UP | JUMP UP

LISTEN UP 듣기평가 모의고사 6

01 ①	02 ③	03 ④	04 ①	05 ②	06 ③	07 ②	08 ③	09 ③	10 ②
11 ③	12 ①	13 ①	14 ③	15 ④					

LISTEN UP 문장 완성하기

A 01 fishing   02 need

B 01 It's raining outside now.   02 How about this one?

   03 I am making cookies.

정답	JUMP UP 받아쓰기(스크립트)	해석
01 ①	W: ① giraffe ② gate ③ gold ④ game	여자: ① 기린 ② 대문 ③ 금 ④ 게임
02 ③	W: sheep ① chair ② church ③ shape ④ chicken	여자: 양 ① 의자 ② 교회 ③ 모양 ④ 닭고기
03 ④	W: watch	여자: 손목시계

정답	JUMP UP 받아쓰기(스크립트)	해석

04 ①

상자를 닫는 모습을 표현한 동작은 ① 'close'입니다.

W: ① close
② open
③ stand
④ sit

여자: ① 닫다
② 열다
③ 서다
④ 앉다

05 ②

② 'cold'는 감정을 나타내는 단어에 속하지 않습니다.

W: ① angry
② cold
③ happy
④ sad

여자: ① 화가 난
② 추운, 차가운
③ 행복한
④ 슬픈

06 ③

그림의 식탁 위에서 찾을 수 없는 것은 ③ 'pizza'입니다.

W: ① cake
② spaghetti
③ pizza
④ salad

여자: ① 케이크
② 스파게티
③ 피자
④ 샐러드

07 ②

남자아이는 일요일마다 아빠와 낚시를 하러 간다고 하였으므로 정답은 ②입니다.

중요 어휘
· go fishing 낚시하러 가다
· on Sundays 일요일마다

B: I go fishing with my dad on Sundays. We love fishing!

소년: 나는 일요일마다 아빠와 낚시를 하러 가요. 우리는 낚시를 정말 좋아해요!

08 ③

지나는 문구점에 가는 중이며, 그림 붓을 사야 한다고 하였으므로 정답은 ③ '문구점 – 그림 붓'입니다.

중요 어휘
· stationery 문구류
· buy 사다
· paint brush 그림 붓

B: Hi, Jina. Where are you going?
G: Hi, Hyeon! I'm going to the stationery store.
B: What for?
G: I need to buy a paintbrush.

소년: 안녕, 지나야. 너는 어디에 가고 있니?
소녀: 안녕, 현! 나는 문구점에 가는 중이야.
소년: 무엇을 사러?
소녀: 나는 그림 붓을 하나 사려고 해.

09 ③

'너는 무엇을 원해?'라는 물음에, '이것은 나의 개야.'라고 대답하는 것은 어색하므로 정답은 ③입니다.

중요 어휘
· color 색깔
· orange 주황색
· robot 로봇
· under ~ 아래에

① G: What color is it?
  B: It's orange.
② G: What's this?
  B: It's a robot.
③ G: What do you want?
  B: This is my dog.
④ G: Where is my book?
  B: It's under the table.

① 소녀: 그것은 무슨 색이니?
  소년: 주황색이야.
② 소녀: 이것은 무엇이니?
  소년: 그것은 로봇이야.
③ 소녀: 너는 무엇을 원해?
  소년: 이것은 나의 개야.
④ 소녀: 나의 책은 어디에 있니?
  소년: 그것은 탁자 아래에 있어.

정답	JUMP UP 받아쓰기(스크립트)	해석

10 ②

'밖에 비가 내리고 있잖아.'라고 했으므로, 정답은 ②입니다.

중요 어휘
· badminton 배드민턴
· outside 밖에

B: Shall we play badminton together?
G: I'd like to, but we can't.
B: Why not?
G: Look out the window!
   It's raining outside.

소년: 우리 같이 배드민턴 칠까?
소녀: 나도 배드민턴 치고 싶지만, 안 되겠어.
소년: 왜 안 되는데?
소녀: 창밖을 봐! 밖에 비가 내리고 있잖아.

11 ③

셔츠가 맘에 들지만 너무 커서 다른 셔츠를 보고 있습니다. 그러므로 두 사람이 대화를 나누는 장소는 ③ '옷 가게'라는 것을 알 수 있습니다.

중요 어휘
· shirt 셔츠
· too 너무 ~한

B: I like this shirt, but it's too big.
W: How about this one?
B: Oh! I like it.

소년: 나는 이 셔츠가 마음에 들어요, 하지만 너무 커요.
여자: 이건 어떠니?
소년: 오! 마음에 들어요.

12 ①

두 사람이 서로의 ① '취미'에 대하여 묻고 답하는 상황입니다.

중요 어휘
· hobby 취미
· cool 멋진

G: Charlie, what's your hobby?
B: My hobby is skating. What about you?
G: I like playing the violin.
B: So cool!

소녀: Charlie, 너의 취미는 뭐야?
소년: 내 취미는 스케이트 타기야. 너는?
소녀: 나는 바이올린 연주하는 것을 좋아해.
소년: 정말 멋지다!

13 ①

여자아이가 배가 아픈 상황이므로 ① 'Are you okay?'가 알맞습니다.

중요 어휘
· okay 괜찮은
· busy 바쁜

W: ① Are you okay?
   ② Are you busy?
   ③ Are you twelve years old?
   ④ Are you Jane?

여자: ① 너 괜찮아?
   ② 너는 바쁘니?
   ③ 너는 열두 살이니?
   ④ 너는 Jane이니?

14 ③

모자를 몇 개 가지고 있는지 물었으므로 ③ 'I have ten caps.'라는 응답이 알맞습니다.

중요 어휘
· have 가지고 있다
· cap 모자

G: How many caps do you have?

소녀: 너는 모자를 몇 개 가지고 있니?
① 나는 모자를 좋아해.
② 그것은 10달러야.
③ 나는 모자 열 개를 가지고 있어.
④ 나는 열 살이야.

정답	JUMP UP 받아쓰기(스크립트)	해석

15 ④

무엇을 만들고 있는지 물었으므로 ④ 'I'm making cookies for you.'라는 응답이 알맞습니다.

중요 어휘
· kitchen 부엌
· make 만들다
· cookie 쿠키

B: Mom, I'm <u>home</u>! Where are you?
W: I'm in the <u>kitchen</u>!
B: [*pause*] Oh, what are you <u>making</u>?

소년: 엄마, 저 집에 왔어요!
　　　어디에 계세요?
여자: 부엌에 있단다!
소년: [*잠시 후*] 오, 무엇을 만들고 계세요?
① 응, 나는 할 수 있어.
② 그녀는 곧 올 거야.
③ 응, 그는 요리하는 것을 좋아해.
④ 나는 너를 위해 쿠키를 만들고 있단다.

 **FLY UP**

본문 79쪽

01　A: How about this one? / 이건 어떤가요?

02　B: It's a robot. / 그것은 로봇이에요.

03　A: How many caps do you have? / 너는 모자 몇 개를 가지고 있니?

04　B: It's orange. / 그것은 주황색이에요.

05　A: What's your hobby? / 너의 취미는 뭐야?

 **SPEAK UP**

본문 80쪽

01　We love fishing.

02　What do you want?

03　It is too big.

04　Are you okay?

05　I love playing the violin.

06　I like this shirt.

07　Look out the window!

Listen & Speak Up 7

WARM UP

01 입다, 착용하다 02 준비된 03 지하철 04 구름 낀, 흐린 05 정원

06 사촌 07 겨울 08 단것; 달콤한 09 느끼다, ~한 기분이 들다

10 아주 좋은, 훌륭한

LISTEN UP | JUMP UP

LISTEN UP 듣기평가 모의고사 7

01 ④ 02 ② 03 ④ 04 ② 05 ③ 06 ② 07 ③ 08 ② 09 ③ 10 ④
11 ① 12 ② 13 ② 14 ② 15 ②

LISTEN UP 문장 완성하기

A 01 subway 02 feel

B 01 It's too hot. 02 Do you know the man?

03 I'll put on a raincoat.

정답	JUMP UP 받아쓰기(스크립트)	해석
01 ④	W: ① piano ② pizza ③ pencil ④ fan	여자: ① 피아노 ② 피자 ③ 연필 ④ 선풍기
02 ②	W: tent ① dice ② table ③ ball ④ fork	여자: 텐트 ① 주사위 ② 탁자 ③ 공 ④ 포크
03 ④	W: make	여자: 만들다

정답	JUMP UP 받아쓰기(스크립트)	해석

04 ②

그림에서 나타낸 직업은 의사이며, 이것과 일치하는 단어는 ② 'doctor'입니다.

W: ① cook
② doctor
③ teacher
④ police officer

여자: ① 요리사
② 의사
③ 교사
④ 경찰관

05 ③

③ 'soccer'는 색깔에 속하지 않습니다.

W: ① blue
② green
③ soccer
④ yellow

여자: ① 파란색
② 초록색
③ 축구
④ 노란색

06 ②

그림의 가방 속에서 찾을 수 없는 것은 ② 'cap'입니다.

W: ① bat
② cap
③ glove
④ baseball

여자: ① 방망이
② 모자
③ (야구) 글러브
④ 야구공

07 ③

지금 비가 내리고 있다고 했으므로 정답은 ③입니다.

중요 어휘
· put on 입다, 착용하다
· raincoat 우비

G: It's raining now. I'll put on a raincoat.

소녀: 지금 비가 내리고 있어요.
나는 우비를 입을 거예요.

08 ②

두 사람은 박물관에 간다고 하였으며 그곳에 갈 때 지하철을 타기로 했으므로 정답은 ② '박물관 – 지하철'입니다.

중요 어휘
· ready 준비가 된
· museum 박물관
· subway 지하철

B: I'm ready to go to the museum.
W: Good. We'll go there by subway.
B: How wonderful!
I like taking the subway.

소년: 저는 박물관에 갈 준비가 되었어요.
여자: 좋아. 우리는 그곳에 지하철을 타고 갈 거야.
소년: 좋아요! 저는 지하철을 타는 것을 좋아해요.

09 ③

'어떻게 지내?'라는 물음에, '나는 학교에 가.'라고 대답하는 것은 어색하므로 정답은 ③입니다.

중요 어휘
· cloudy 구름 낀, 흐린
· go to ～에 가다

① G: How are you?
B: I'm good.
② G: How's the weather?
B: It's cloudy.
③ G: How's it going?
B: I go to school.
④ G: How many apples are there?
B: Four apples.

① 소녀: 어떻게 지내?
소년: 잘 지내.
② 소녀: 날씨가 어떠니?
소년: 흐려.
③ 소녀: 어떻게 지내?
소년: 나는 학교에 가.
④ 소녀: 사과가 몇 개 있니?
소년: 네 개야.

정답	JUMP UP 받아쓰기(스크립트)	해석

10 ④

여자아이는 여름을 좋아하지 않고, 겨울을 좋아한다고 했으므로, 정답은 ④입니다.

중요 어휘
- season 계절
- summer 여름
- winter 겨울

G: It's so hot. I don't like summer.
B: What season do you like?
G: I like winter. I can see snow in winter.

소녀: 너무 더워. 나는 여름을 좋아하지 않아.
소년: 너는 어떤 계절을 좋아하니?
소녀: 나는 겨울을 좋아해.
겨울에는 눈을 볼 수 있으니까.

11 ①

나비와 꽃이 있으며 '나는 이 정원이 아주 마음에 들어.'라고 했으므로 두 사람이 대화를 나누는 장소는 ① '정원'이라는 것을 알 수 있습니다.

중요 어휘
- butterfly 나비
- garden 정원
- So do I. 나도 그래.

G: Look at that!
  Can you see the butterfly?
B: Yes! It's on the flower!
G: I love this garden.
B: So do I. It's beautiful.

소녀: 저것 좀 봐! 저 나비 보여?
소년: 응! 나비가 꽃 위에 있네!
소녀: 나는 이 정원이 아주 마음에 들어.
소년: 나도 그래. 정원이 아름다워.

12 ②

'그는 누구야?'라는 물음에 여자아이가 '그는 나의 사촌이야.'라고 대답했으므로 두 사람은 ② '여자아이의 사촌'에 대해 이야기하고 있습니다.

중요 어휘
- cousin 사촌

B: Do you know that man?
G: Yes, I do.
B: Who is he?
G: He's my cousin.

소년: 너는 저 남자를 알아?
소녀: 응, 알아.
소년: 그는 누구야?
소녀: 그는 나의 사촌이야.

13 ②

남자아이가 단것을 너무 많이 먹고 있으므로 ② 'Don't eat too many sweets.'라는 말이 알맞습니다.

중요 어휘
- classroom 교실
- sweet 단것; 달콤한

W: ① Don't run in the classroom.
  ② Don't eat too many sweets.
  ③ Don't play computer games.
  ④ Don't watch TV too much.

여자: ① 교실 안에서 뛰지 마.
  ② 단것을 너무 많이 먹지 마.
  ③ 컴퓨터 게임을 하지 마.
  ④ 텔레비전을 너무 많이 보지 마.

14 ②

오늘 기분이 어떤지 물었으므로, ② 'I feel great.'라는 응답이 알맞습니다.

중요 어휘
- feel 느끼다, ~한 기분이 들다
- great 아주 좋은, 훌륭한

B: How do you feel today?

소년: 오늘 기분이 어때?
① 나는 예람이야.
② 나는 기분이 아주 좋아.
③ 나는 영어를 공부해.
④ 나는 기타를 연주할 수 있어.

정답	JUMP UP 받아쓰기(스크립트)	해석

15 ②

여자아이가 남자아이에게 탁구를 칠 수 있는지 물었고, 칠 수 있다는 응답에 함께 탁구를 칠 것을 제안했으므로 ② 'What a good idea!'라는 응답이 알맞습니다.

중요 어휘
· table tennis 탁구

G: Can you play <u>table tennis</u>?
B: Yes, I can.
G: Oh, great! How about playing it together this <u>Sunday</u>?

소녀: 너는 탁구를 칠 수 있니?
소년: 응, 나는 칠 수 있어.
소녀: 오, 좋다! 이번 일요일에 함께 탁구를 치는 것은 어때?
① 나는 운동을 좋아해.
② 좋은 생각이야!
③ 나는 탁구를 못 쳐.
④ 내가 가장 좋아하는 운동은 테니스야.

 **FLY UP**

본문 91쪽

01 A: What season do you like? / 너는 어떤 계절을 좋아하니?

02 B: He's my cousin. / 그는 나의 사촌이야.

03 A: How do you feel today? / 너는 오늘 기분이 어때?

04 B: I go there by subway. / 나는 그곳에 지하철을 타고 가.

05 A: Can you play table tennis? / 너는 탁구 칠 줄 아니?

 **SPEAK UP**

본문 92쪽

01 I'll put on a raincoat.

02 I don't like summer.

03 We'll get there by subway.

04 Do you know that man?

05 How do you feel today?

06 I can play table tennis.

07 Don't eat too many sweets.

Listen & Speak Up 8

WARM UP

01 동물원	02 가족	03 문	04 풍선	05 딸기
06 점프하다, 높이 뛰다	07 높게; 높은	08 공연, 상영	09 조용한	10 젖은; 마르지 않은

LISTEN UP | JUMP UP

LISTEN UP 듣기평가 모의고사 8

01 ④	02 ②	03 ④	04 ②	05 ④	06 ③	07 ④	08 ④	09 ②	10 ②
11 ①	12 ③	13 ③	14 ②	15 ③					

LISTEN UP 문장 완성하기

A 01 balloons 02 strawberry, cream

B 01 What day is it today? 02 I get up at 8 o'clock.

03 Is it raining?

정답	JUMP UP 받아쓰기(스크립트)	해석
01 ④	W: ① zebra ② zoo ③ zero ④ spider	여자: ① 얼룩말 ② 동물원 ③ 제로, 0 ④ 거미
02 ②	W: family ① vase ② fire ③ beach ④ penguin	여자: 가족 ① 꽃병 ② 불 ③ 해변 ④ 펭귄
03 ④	W: late	여자: 늦은

정답	JUMP UP 받아쓰기(스크립트)	해석
04 ② 그림의 책상을 나타내는 단어는 ② 'desk'입니다.	W: ① chair ② desk ③ door ④ blackboard	여자: ① 의자 ② 책상 ③ 문 ④ 칠판
05 ④ ④ 'green'은 스포츠에 속하지 않습니다.	W: ① golf ② soccer ③ hockey ④ green	여자: ① 골프 ② 축구 ③ 하키 ④ 초록색
06 ③ 그림의 옷장 안에서 찾을 수 있는 것은 ③ 'socks'입니다.	W: ① pants ② boots ③ socks ④ scarf	여자: ① 바지 ② 부츠, 장화 ③ 양말 ④ 스카프
07 ④ 남자아이는 케이크가 필요하지 않고 풍선이 필요하다고 했으므로, 정답은 ④입니다. **중요 어휘** • need 필요로 하다 • cake 케이크 • balloon 풍선	B: I don't need a cake. I need balloons.	소년: 나는 케이크는 필요하지 않아. 나는 풍선이 필요해.
08 ④ 여자아이는 딸기 아이스크림콘 두 개를 산다고 하였으므로 정답은 ④ '딸기 아이스크림콘 – 2'입니다. **중요 어휘** • excuse me 실례합니다 • strawberry 딸기 • ice cream 아이스크림 • cone 콘	G: Excuse me, do you have strawberry ice cream? M: Yes. How many cones do you need? G: I'll take two strawberry ice cream cones.	소녀: 실례합니다만, 딸기 아이스크림이 있나요? 남자: 네. 콘 몇 개가 필요하세요? 소녀: 딸기 아이스크림콘 두 개 살게요.
09 ② '너는 높이 점프할 수 있니?'라는 물음에, '나는 점프하는 거 좋아해.'라고 대답하는 것은 어색하므로 정답은 ②입니다.	① G: What day is it? B: It's Friday. ② G: Can you jump high? B: I like jumping. ③ G: What color is the door? B: It's red.	① 소녀: 무슨 요일이지? 소년: 금요일이야. ② 소녀: 너는 높이 점프할 수 있니? 소년: 나는 점프하는 거 좋아해. ③ 소녀: 그 문은 무슨 색이니? 소년: 빨간색이야.

정답	JUMP UP 받아쓰기(스크립트)	해석

- jump 점프하다, 높이 뛰다
- high 높이, 높게
- when 언제
- get up 일어나다, 기상하다

④ G: When do you get up?
　 B: I get up at 8 o'clock.

④ 소녀: 너는 언제 일어나니?
　 소년: 나는 8시에 일어나.

10 ②

'밖은 매우 흐려.'라고 했으므로, 정답은 ②입니다.

- rain 비가 내리다
- weather 날씨
- cloudy 흐린, 구름이 낀

B: Mom, is it raining?
W: No, it's not raining.
B: How's the weather?
W: It's very cloudy outside.

소년: 엄마, 비가 내리고 있어요?
여자: 아니, 비가 내리고 있지 않아.
소년: 날씨가 어때요?
여자: 밖은 매우 흐려.

11 ①

영화표를 사는 대화를 나누고 있으므로, 두 사람이 대화를 나누는 장소는 ① '영화관'이라는 것을 알 수 있습니다.

- ticket 표
- show 상영, 공연
- of course 물론
- enjoy 즐기다
- movie 영화

G: Hi. Can I get tickets for the 10 o'clock show?
M: Of course. How many tickets do you need?
G: Two tickets, please.
M: Here you go! Enjoy the movie!

소녀: 안녕하세요. 10시 상영 영화표 살 수 있나요?
남자: 물론이죠. 표 몇 장이 필요하세요?
소녀: 두 장 주세요.
남자: 여기 있습니다! 즐거운 영화 관람되세요!

12 ③

여자아이의 언니가 테니스를 잘 치는지에 대해 묻고 답하고 있으므로 정답은 ③ '여자아이의 언니'입니다.

- sister 언니, 누나, 여동생
- tennis court 테니스 코트

B: Is your sister playing tennis today?
G: Yes, she's at the tennis court.
B: Does she play tennis well?
G: Yes, she does.

소년: 너의 언니는 오늘 테니스를 치고 있니?
소녀: 응, 그녀는 테니스 코트에 있어.
소년: 그녀는 테니스를 잘 치니?
소녀: 응, 잘 쳐.

13 ③

페인트가 마르지 않은 벤치에 앉지 말라고 말하는 상황이므로 ③ 'Don't sit there. It's wet.'이 알맞습니다.

- on time 정시에, 시간을 어기지 않고
- quiet 조용한

W: ① Be on time.
　 ② Please be quiet.
　 ③ Don't sit there. It's wet.
　 ④ Don't use your smartphone.

여자: ① 정시에 시간 지켜 오세요.
　　 ② 조용히 하세요.
　　 ③ 거기 앉지 마세요. 마르지 않았어요.
　　 ④ 당신의 스마트폰을 사용하지 마세요.

정답	JUMP UP 받아쓰기(스크립트)	해석

• sit 앉다
• wet 젖은, 마르지 않은
• use 사용하다

14 ②
쿠키를 좀 먹자고 했으므로, ② 'That sounds great.'이 라는 응답이 알맞습니다.

중요 어휘
• eat 먹다
• some 몇 개의, 약간의
• too 역시, 또한
• January 1월

M: Let's eat some cookies.

남자: 쿠키를 좀 먹자.
① 내가 정말 미안해.
② 그거 좋네.
③ 나도 초콜릿 케이크를 좋아해.
④ 내 생일은 1월 15일이야.

15 ③
어디가 안 좋은지 물었으므로, ③ 'I have a stomachache.'라는 응답이 알맞습니다.

중요 어휘
• okay 괜찮은
• wrong 문제가 있는, 잘못된
• jump rope 줄넘기하다
• classmate 반 친구
• stomachache 복통

B: Amy, are you okay?
G: No, I'm not.
B: What's wrong?

소년: Amy, 너 괜찮니?
소녀: 아니, 괜찮지 않아.
소년: 어디가 안 좋니?
① 나는 줄넘기를 할 수 있어.
② 그녀는 나의 반 친구야.
③ 나는 복통이 있어.
④ 내가 가장 좋아하는 반려동물은 고양이야.

 **FLY UP**

본문 103쪽

01 A: What day is it? / 무슨 요일이에요?

02 B: It's very cloudy outside. / 밖이 매우 흐려요(밖에 구름이 많이 꼈어요).

03 A: Do you have strawberry ice cream? / 딸기 아이스크림이 있나요?

04 B: I have a stomachache. / 나는 복통이 있어요(나는 배가 아파요).

05 A: Can I get tickets for the concert? / (제가) 콘서트 표를 살 수 있나요?

01 Can you jump high?

02 It's not raining.

03 Can I get tickets for the game?

04 She's at the tennis court.

05 Don't sit there.

06 Let's eat some cookies.

07 Are you okay?

Listen & Speak Up 9

WARM UP

01	연	02	기타	03	장미	04	계절	05	그리워하다
06	그림	07	훌륭한	08	자랑스러운	09	사진, 그림	10	돌려주다, 반납하다

LISTEN UP　JUMP UP

LISTEN UP　듣기평가 모의고사 9

본문 106~109쪽

01 ④	02 ③	03 ④	04 ②	05 ③	06 ②	07 ④	08 ②	09 ②	10 ③
11 ④	12 ①	13 ②	14 ④	15 ③					

LISTEN UP　문장 완성하기

본문 110쪽

A 01 d<u>on't</u>, p<u>en</u>　　　02 m<u>om</u>, s<u>carf</u>

B 01 How much is the shirt?　　02 What time do you go to school?

　　03 It's raining now.

정답	JUMP UP 받아쓰기(스크립트)	해석
01 ④	W: ① <u>horse</u> 　② <u>hand</u> 　③ <u>hat</u> 　④ <u>puppy</u>	여자: ① 말 　② 손 　③ 모자 　④ 강아지
02 ③	W: <u>kettle</u> 　① <u>kite</u> 　② <u>king</u> 　③ <u>beetle</u> 　④ <u>kitchen</u>	여자: 주전자 　① 연 　② 왕 　③ 딱정벌레 　④ 부엌
03 ④	W: <u>sun</u>	여자: 태양

정답	JUMP UP 받아쓰기(스크립트)	해석

04 ②

그림의 신발을 나타내는 단어는 ② 'shoes'입니다.

W: ① socks
② shoes
③ pants
④ gloves

여자: ① 양말
② 신발
③ 바지
④ 장갑

05 ③

③ 'cloud'는 탈것에 속하지 않습니다.

W: ① car
② bus
③ cloud
④ train

여자: ① 자동차
② 버스
③ 구름
④ 기차

06 ②

그림의 음악실에서 볼 수 있는 악기는 ② 'piano'입니다.

W: ① cello
② piano
③ flute
④ guitar

여자: ① 첼로
② 피아노
③ 플루트
④ 기타

07 ④

남자아이는 펜은 가지고 있지 않고 연필을 가지고 있다고 했으므로, 정답은 ④입니다.

중요 어휘
· pen 펜
· pencil 연필

B: I don't have a pen. I have a pencil.

소년: 나는 펜을 가지고 있지 않아. 나는 연필을 가지고 있어.

08 ②

여자아이는 장미 다섯 송이를 산다고 하였으므로, 정답은 ② '장미 – 5'입니다.

중요 어휘
· these 이 ~ (this의 복수형)
· rose 장미
· Here you go. 여기 있어요.

G: These roses are beautiful.
M: Yes. Your mom will love them.
G: Yes. Can I have five roses?
M: Sure. Here you go.

소녀: 이 장미들은 아름다워요.
남자: 네. 엄마께서 그것들을 아주 좋아하실 거예요.
소녀: 그래요. 장미 다섯 송이 살 수 있나요?
남자: 물론이죠. 여기 있어요.

09 ②

'그 셔츠는 얼마니?'라는 물음에, '그것은 너무 커.'라고 대답하는 것은 어색하므로 정답은 ②입니다.

중요 어휘
· storybook 이야기책
· shirt 셔츠
· season 계절
· snowy 눈이 오는

① B: Do you like storybooks?
   G: Yes, I do.
② B: How much is the shirt?
   G: It's too big.
③ B: What's your favorite season?
   G: Winter. I love snowy days.
④ B: What time do you go to school?
   G: I go to school at 8:30.

① 소년: 너는 이야기책을 좋아하니?
   소녀: 응, 좋아해.
② 소년: 그 셔츠는 얼마니?
   소녀: 그것은 너무 커.
③ 소년: 가장 좋아하는 계절은 뭐니?
   소녀: 겨울이야. 나는 눈 오는 날을 정말 좋아해.
④ 소년: 너는 몇 시에 학교에 가니?
   소녀: 나는 8시 30분에 학교에 가.

정답	JUMP UP 받아쓰기(스크립트)	해석

10 ③

'지금 비 와.'라고 했으므로, 정답은 ③입니다.

중요 어휘
- miss 그리워하다
- sun 태양, 해

B: Hey, how's the weather in Jeju?
G: It's raining now. How about in Busan?
B: It's very cloudy. I miss the sun.
G: Me, too.

소년: 얘, 제주 날씨는 어때?
소녀: 지금 비 와. 부산은 어때?
소년: 매우 흐려. 나는 해가 그리워.
소녀: 나도 그래.

11 ④

그림을 사진으로 찍어도 되는지 묻고, 그럴 수 없다고 답하는 대화를 나누고 있습니다. 그러므로 두 사람이 대화를 나누는 장소는 ④ '미술관'이라는 것을 알 수 있습니다.

중요 어휘
- painting 그림
- wonderful 멋진, 훌륭한
- take a picture 사진 찍다
- only 오직

B: Look at these paintings.
G: They're wonderful. Can I take a picture of them?
B: No, you can't. You can only look at them.
G: Oh, I see.

소년: 이 그림들을 봐.
소녀: 정말 멋지다. 내가 그것들을 사진 찍어도 될까?
소년: 아니야, 그럴 수 없어. 그것들을 보는 것만 할 수 있어.
소녀: 아, 알겠어.

12 ①

남자아이의 형이 학교 축구팀에 들어간 것에 대해 이야기하고 있으므로, 정답은 ① '남자아이의 형'입니다.

중요 어휘
- brother 형, 오빠, 남동생
- finally 마침내
- team 팀
- proud 자랑스러운

G: Hey, Jiho. What's up?
B: My brother finally got on the school soccer team.
G: That's great.
B: Yeah, I'm very proud of him.

소녀: 얘, 지호야. 어쩐 일이니?
소년: 나의 형이 마침내 학교 축구팀에 들어갔어.
소녀: 그거 잘됐다.
소년: 맞아, 나는 그가 아주 자랑스러워.

13 ②

여자아이에게 주문을 받는 상황이므로, ② 'Are you ready to order?'라는 말이 알맞습니다.

중요 어휘
- ready 준비된
- order 주문하다
- return 반납하다
- on time 정시에, 제때에

W: ① What's your favorite fruit?
② Are you ready to order?
③ You can't eat or drink here.
④ Please return the books on time.

여자: ① 가장 좋아하는 과일은 무엇인가요?
② 주문하실 준비가 되셨나요? [주문하시겠어요?]
③ 당신은 이곳에서 먹거나 마실 수 없습니다.
④ 그 책들을 제때 반납해 주세요.

14 ④

취미가 무엇인지 물었으므로 ④ 'My hobby is playing the guitar.'라는 응답이 알맞습니다.

M: What is your hobby?

남자: 네 취미는 무엇이니?
① 나는 매우 피곤해.
② 나는 여동생이 두 명 있어.

정답	JUMP UP 받아쓰기(스크립트)	해석
중요 어휘 · hobby 취미 · tired 피곤한 · yellow 노란색		③ 내가 가장 좋아하는 색깔은 노란색이야. ④ 내 취미는 기타를 치는 거야.
15 ③ 여동생의 나이를 물었으므로, ③ 'She is four years old.'라는 응답이 알맞습니다. **중요 어휘** · picture 사진 · little 작은, 어린 · cute 귀여운	G: Jinsu, who's this <u>girl</u> in the picture? B: Oh, she's my <u>little</u> sister. G: She's so cute. How <u>old</u> is she?	소녀: 진수야, 사진 속에 있는 이 여자아이는 누구니? 소년: 아, 내 여동생이야. 소녀: 참 귀엽다. 몇 살이니? ① 눈이 내리고 있어. ② 그것은 내 카메라야. ③ 그녀는 네 살이야. ④ 나는 치킨 샌드위치를 좋아해.

 **FLY UP**

본문 115쪽

01 A: How's the weather in Jeju? / 제주의 날씨는 어때요?

02 B: Sure. Here you go. / 물론이죠. 여기 있어요.

03 A: Can I take a picture here? / 이곳에서 제가 사진을 찍어도 되나요?

04 B: My brother got on the school baseball team. / 나의 형이 학교 야구팀에 들어갔어.

05 A: How old is your little sister? / 너의 여동생은 몇 살이니?

 **SPEAK UP**

본문 116쪽

01 These roses are beautiful.

02 How much is the bike?

03 It's snowing now.

04 I got on the school soccer team.

05 Please return the book on time. (Return the book on time, please.)

06 What is your hobby?

07 How old is your cat?

Listen & Speak Up 10

WARM UP

01 수의사	02 나비	03 입	04 동전	05 주머니
06 표	07 과목	08 기침	09 코치, 지도자	10 주말

LISTEN UP JUMP UP

LISTEN UP 듣기평가 모의고사 10

01 ④	02 ④	03 ③	04 ④	05 ③	06 ②	07 ①	08 ②	09 ④	10 ①
11 ②	12 ③	13 ③	14 ②	15 ④					

LISTEN UP 문장 완성하기

A 01 c<u>oi</u>ns, p<u>o</u>cket   02 w<u>ai</u>t, c<u>o</u>ncert

B 01 How do you go to school?   02 Put on your warm coat.

03 I have a cough.

정답	JUMP UP 받아쓰기(스크립트)	해석
01 ④	W: ① <u>watermelon</u> ② <u>watch</u> ③ <u>window</u> ④ <u>yellow</u>	여자: ① 수박 ② 손목시계 ③ 창문 ④ 노란색
02 ④	W: <u>lunch</u> ① <u>lamp</u> ② <u>lake</u> ③ <u>library</u> ④ <u>rainbow</u>	여자: 점심 ① 램프, 등불 ② 호수 ③ 도서관 ④ 무지개
03 ③	W: <u>vet</u>	여자: 수의사

정답	JUMP UP 받아쓰기(스크립트)	해석

04 ④

그림의 나비를 나타내는 단어는 ④ 'butterfly'입니다.

W: ① flower
　② bird
　③ tree
　④ butterfly

여자: ① 꽃
　　② 새
　　③ 나무
　　④ 나비

05 ③

③ 'circle'은 신체 부위에 속하지 않습니다.

W: ① head
　② nose
　③ circle
　④ mouth

여자: ① 머리
　　② 코
　　③ 원
　　④ 입

06 ②

그림의 팔레트에서 볼 수 있는 색은 ② 'green'입니다.

W: ① purple
　② green
　③ pink
　④ black

여자: ① 자주색
　　② 초록색
　　③ 분홍색
　　④ 검정색

07 ①

주머니에 동전 몇 개를 가지고 있다고 말했으므로 정답은 ①입니다.

중요 어휘
· coin 동전
· pocket 주머니

B: I have some coins in my pocket.

소년: 나는 내 주머니 안에 동전 몇 개를 가지고 있어.

08 ②

여자아이는 음악회 표를 두 장 산다고 하였으므로 정답은 ② '음악회 표 – 2'입니다.

중요 어휘
· wait 기다리다
· concert 음악회, 콘서트
· fantastic 환상적인
· want 원하다
· enjoy 즐기다

G: I can't wait for the concert!
M: Yes, it will be fantastic. How many tickets do you want?
G: Two tickets, please.
M: Here are two tickets for you. Enjoy the concert!

소녀: 저는 음악회가 정말 기대돼요!
남자: 네, 그것은 환상적일 거예요. 표 몇 장을 원하세요?
소녀: 두 장 주세요.
남자: 여기 표 두 장이요. 음악회 즐겁게 관람하세요!

09 ④

'너는 어디서 농구를 하니?'라는 물음에, '나는 내 친구들과 함께 놀아.'라고 대답하는 것은 어색하므로 정답은 ④입니다.

중요 어휘
· walk 걷다
· art class 미술 수업

① G: Do you speak English?
　B: Yes, I do.
② G: How do you go to school?
　B: I walk to school.
③ G: What's your favorite subject?
　B: I really like art class.
④ G: Where do you play basketball?
　B: I play with my friends.

① 소녀: 너는 영어를 말하니?
　소년: 응, 그래.
② 소녀: 너는 학교에 어떻게 가니?
　소년: 나는 학교에 걸어가.
③ 소녀: 네가 가장 좋아하는 과목은 무엇이니?
　소년: 나는 미술 수업을 정말 좋아해.
④ 소녀: 너는 어디서 농구를 하니?
　소년: 나는 내 친구들과 함께 놀아.

정답	JUMP UP 받아쓰기(스크립트)	해석

10 ①

'밖은 매우 추워.'라고 했으므로, 정답은 ①입니다.

중요 어휘
- cold 추운
- put on (옷, 모자 등을) 입다, 착용하다
- warm 따뜻한
- coat 외투

B: Mom, how's the weather now?
W: It's very cold <u>outside</u>.
B: Oh, really?
W: Yes. So put on your <u>warm</u> <u>coat</u>.

소년: 엄마, 지금 날씨가 어때요?
여자: 밖은 매우 추워.
소년: 오, 정말요?
여자: 그래. 그러니 따뜻한 외투를 입으렴.

11 ②

아픈 곳을 묻고 답하는 대화를 나누고 있습니다. 그러므로 두 사람이 대화를 나누는 장소는 ② '병원'이라는 것을 알 수 있습니다.

중요 어휘
- cough 기침
- check 확인하다
- have a cold 감기에 걸리다
- water 물

M: What's wrong?
G: I have a <u>cough</u>.
M: I see. Let me <u>check</u>. Say "Aah."
G: Aah.
M: You have a <u>cold</u>. Drink warm water.

남자: 어디가 안 좋니?
소녀: 저는 기침을 해요.
남자: 그렇구나. 확인해 볼게. "아." 해 보렴.
소녀: 아.
남자: 감기에 걸렸구나. 따뜻한 물을 마시렴.

12 ③

여자아이는 남자아이가 가리키는 남자가 누구인지 묻고, 남자아이가 새로 온 ③ '야구 코치'라고 대답하고 있습니다.

중요 어휘
- man 남자
- coach 코치, 지도자
- nice 좋은, 친절한

B: Look at that man.
G: <u>Who</u> is he?
B: He's the new baseball <u>coach</u>.
G: Oh, is he <u>nice</u>?
B: Yes, he is.

소년: 저 남자를 봐.
소녀: 그는 누구니?
소년: 그는 새로 오신 야구 코치셔.
소녀: 오, 그는 친절하시니?
소년: 응, 친절하셔.

13 ③

길을 건너려는 여자아이에게 조심하라고 경고하는 상황이므로, 정답은 ③입니다.

중요 어휘
- noise 소음, 소란
- toy 장난감
- Watch out! 조심해!
- library 도서관
- this afternoon 오늘 오후

W: ① Don't make any noise.
　② Do you have a <u>toy</u> car?
　③ Watch <u>out</u>! A car is coming.
　④ Please go to the <u>library</u> this afternoon.

여자: ① 시끄럽게 하지 마.
　② 너는 장난감 자동차를 가지고 있니?
　③ 조심해! 자동차가 오고 있어.
　④ 오늘 오후에 도서관에 가렴.

14 ②

주말에 무엇을 하는지 물었으므로 ② 'I watch movies.'라는 응답이 알맞습니다.

중요 어휘
· weekend 주말

B: <u>What</u> do you do on the <u>weekend</u>?

소년: 너는 주말에 무엇을 하니?
① 나는 배가 고파.
② 나는 영화를 봐.
③ 나는 반려동물을 기르지 않아.
④ 나는 분홍색을 좋아해. 그것은 예뻐.

15 ④

고양이의 생김새를 물었으므로, ④ 'It's a small cat with blue eyes.'라는 응답이 알맞습니다.

중요 어휘
· at home 집에, 집에서
· look like ~처럼 생기다

G: Jack, do you <u>like</u> cats?
B: Yes. I have a cat at <u>home</u>.
G: Cool! What does it <u>look</u> like?

소녀: Jack, 너는 고양이를 좋아하니?
소년: 응. 나는 집에 고양이가 있어.
소녀: 멋지다! 어떻게 생겼니?
① 그것은 빠르게 달릴 수 있어.
② 그것의 이름은 Max야.
③ 그것은 아주 친근해.
④ 그것은 파란 눈을 가진 작은 고양이야.

 **FLY UP**

01　A: What's wrong? / 무엇이 불편하세요?

02　B: I walk to school. / 나는 학교에 걸어서 가.

03　A: I can't wait for the concert! / 나는 음악회가 정말 기대돼!

04　B: Yes. Put on your warm coat. / 응. 너의 따뜻한 외투를 입어.

05　A: What does it look like? / 그것은 어떻게 생겼나요?

 **SPEAK UP**

본문 128쪽

01　I can't wait for the movie.

02　I really like art class.

03　It's very cold outside.

04　You have a cold.

05　Don't make any noise.

06　What do you do on the weekend?

07　What does she look like?

정답 및 해설 **43**

한눈에 보는 **정답**

LISTEN UP

한눈에 보는 정답

Listen & Speak Up 1
본문 10~13쪽

듣기평가 모의고사

01 ②	02 ①	03 ②	04 ①	05 ④
06 ②	07 ①	08 ②	09 ②	10 ①
11 ④	12 ③	13 ④	14 ④	15 ④

Listen & Speak Up 4
본문 46~49쪽

듣기평가 모의고사

01 ③	02 ④	03 ②	04 ②	05 ③
06 ④	07 ④	08 ②	09 ③	10 ①
11 ①	12 ①	13 ③	14 ①	15 ④

Listen & Speak Up 2
본문 22~25쪽

듣기평가 모의고사

01 ①	02 ③	03 ①	04 ①	05 ③
06 ④	07 ④	08 ②	09 ④	10 ①
11 ④	12 ①	13 ③	14 ①	15 ④

Listen & Speak Up 5
본문 58~61쪽

듣기평가 모의고사

01 ①	02 ③	03 ②	04 ②	05 ④
06 ④	07 ②	08 ④	09 ④	10 ③
11 ③	12 ②	13 ①	14 ②	15 ④

Listen & Speak Up 3
본문 34~37쪽

듣기평가 모의고사

01 ①	02 ④	03 ②	04 ②	05 ④
06 ④	07 ④	08 ④	09 ③	10 ①
11 ③	12 ④	13 ④	14 ④	15 ②

Listen & Speak Up 6
본문 70~73쪽

듣기평가 모의고사

01 ①	02 ③	03 ④	04 ①	05 ②
06 ③	07 ②	08 ③	09 ③	10 ②
11 ③	12 ①	13 ①	14 ③	15 ④

Listen & Speak Up 7

본문 82~85쪽

듣기평가 모의고사

01 ④	02 ②	03 ④	04 ②	05 ③
06 ②	07 ③	08 ②	09 ③	10 ④
11 ①	12 ②	13 ②	14 ②	15 ②

Listen & Speak Up 9

본문 106~109쪽

듣기평가 모의고사

01 ④	02 ③	03 ④	04 ②	05 ③
06 ②	07 ④	08 ②	09 ②	10 ③
11 ④	12 ①	13 ②	14 ④	15 ③

Listen & Speak Up 8

본문 94~97쪽

듣기평가 모의고사

01 ④	02 ②	03 ④	04 ②	05 ④
06 ③	07 ④	08 ④	09 ②	10 ②
11 ①	12 ③	13 ③	14 ②	15 ③

Listen & Speak Up 10

본문 118~121쪽

듣기평가 모의고사

01 ④	02 ④	03 ③	04 ④	05 ③
06 ②	07 ①	08 ②	09 ④	10 ①
11 ②	12 ③	13 ③	14 ②	15 ④

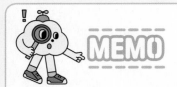